João Lino

Lire et Apprendre ! 01

coupe

plie

colle

assemble

et joue

Direction éditoriale João Lino

Révision Neyde Fernandes
Couverture João Lino
illustration de fables Carlos Eduardo Nogueira
Projet graphique João Lino
Crédit d'image Les images de ce livre ont été obtenues à partir de différentes sources, notamment des contributeurs, la plateforme OpenAI, des images du domaine public et des images sous licence Creative Commons. À la fin du livre, tu trouveras une annexe contenant des informations détaillées sur chaque image, telles que le nom du fichier, la licence, l'auteur et le numéro de la page sur laquelle elle apparaît. Nous remercions tous ceux qui ont contribué à intégrer ces images dans ce livre.

Données internationales de catalogage avant publication
(Chambre brésilienne du livre, SP, Brésil)
Lire et Apprendre ! 01/João Lino - 2023

Référence bibliographique
1. Créativité 2. Éducation 3. Famille 4. Science 5. Histoire 6. Nature
https://Wikipedia.org
https://Wikimedia.org
https://nationalzoo.si.edu/
https://a-z-animals.com/
https://super.abril.com.br/
https://nasa.gov/
https://publicdomainpictures.net

ISBN – 978-65-01-02254-3

Je dédie ce livre aux deux plus grandes inspirations de ma vie : mon fils et ma nièce.

Bienvenus dans le monde magique des mots !
Ce livre est ton passeport pour une aventure
époustouflante, pleine de découvertes et de
plaisir. Prépare-toi à rencontrer des personnes
extraordinaires qui ont changé le monde, des
animaux surprenants, des stars fascinantes et
bien plus encore.

Chaque page que tu lises sera comme un
trésor stocké dans ton esprit. Ici, la
lecture est comme une clé magique qui
ouvre les portes de l'imaginaire et permet
de découvrir des lieux incroyables.

Alors, es-tu prêt à commencer ce
voyage passionnant ? Je te souhaite
une bonne lecture et que ce voyage
t'inspire à explorer l'univers fascinant
de la connaissance et de l'imaginaire !

Sumário

Voyage dans le temps

Marcher sur des roues

Marcher sur des roues

As-tu déjà pensé à l'importance de la ROUE ?

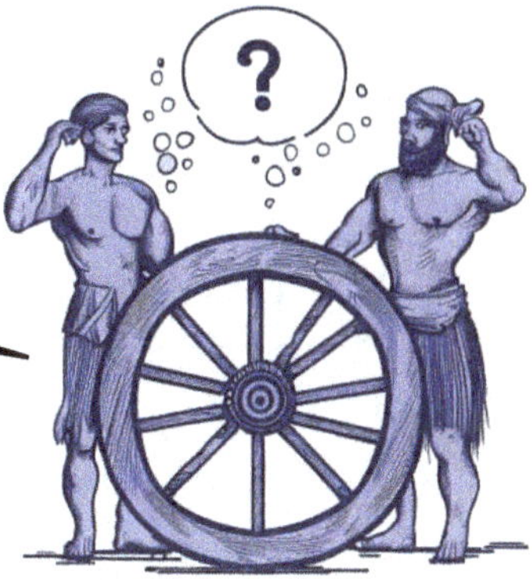

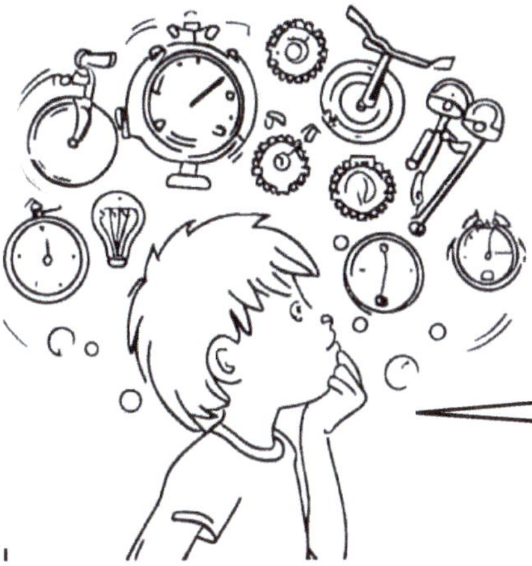

Fais-toi un test, pense à 5 objets qui utilisent la ROUE.

As-tu pense ?

Sais-toi que l'invention de la roue a été fondamentale pour l'exploration spatiale ? Sans la roue, nous n'aurions pas pu construire de fusées, voyager vers la Lune ou lancer le télescope spatial Hubble. La roue est l'une des inventions les plus importantes de l'histoire, car elle a permis d'incroyables avancées technologiques qui nous ont conduits à l'exploration de l'Univers.

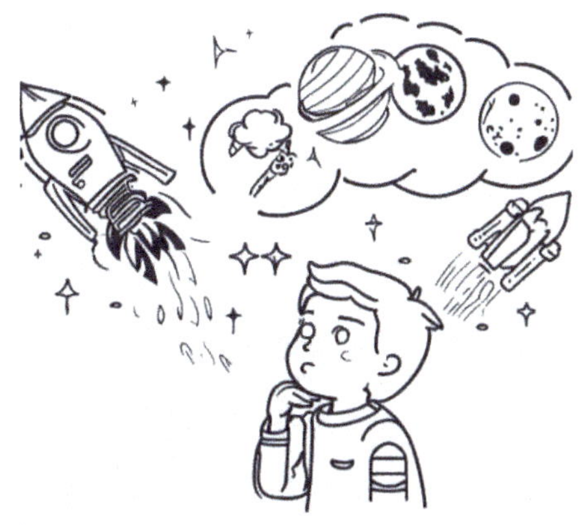

Les Sumériens

Nous ne savons pas exactement qui a inventé la roue, mais on pense que c'était il y a environ 6 000 ans, par un peuple appelé les Sumériens. Ces peuples vivaient dans une région connue sous le nom de Mésopotamie, là où se trouve aujourd'hui l'Irak

Mésopotamie signifie « entre les rivières » en grec. Cette région tire son nom du fait qu'elle est située entre le *Tigre et l'Euphrate*.

Les Sumériens

Il n'y a pas d'images de l'époque des Sumériens car ils vivaient il y a très longtemps. Le dessin ci-dessous est une représentation des villes qui existaient en Mésopotamie il y a 6 mille ans et a é té créé par DALL-E, une intelligence artificielle d'OpenAI.

Les *Sumériens* ont été les premiers à vivre dans des villes et exercèrent diverses professions, telles que commerçants, artisans, musiciens et poètes. Ils croyaient en plusieurs dieux et portaient des vêtements colorés en lin ou en laine.

Les Sumériens

Les *Sumériens* ont joué un rôle fondamental dans l'histoire de l'humanité. Veux-tu savoir quelles ont été leurs plus grandes contributions ?

Civilisation urbaine: Ils ont construit des villes complexes avec des murs, des temples, des marchés et des systèmes d'irrigation. Les images ci-dessous ne sont pas réelles, mais elles représentent artistiquement à quoi ressemblaient les canaux d'irrigation dans deux des villes les plus connues de Mésopotamie, Ur et Uruk.

Les Sumériens

Alphabet cunéiforme : Les *Sumériens* on été les inventeurs du premier système d'écriture, appelé alphabet cunéiforme. Grâce à cette admirable innovation, nous sommes aujourd'hui capables de nous communiquer par écrit.

Cette tablette cunéiforme est un hymne dédié à Marduk, un dieu très important de l'ancienne Mésopotamie. C'est une pièce précieuse qui nous aide à comprendre la culture des gens de cette époque. Les tablettes d'argile sur lesquelles ils ont été écrits sont des documents historiques très importants, car ils nous fournissent des informations sur la culture et la religion de cette civilisation fascinante. Marduk était vénéré comme le dieu le plus puissant de l'ancienne Mésopotamie.

Les Sumériens

Contributions culturelles : les *Sumériens* ont développé des pratiques religieuses, (une) mythologie, (une) littérature et des systèmes juridiques qui ont influencé de nombreuses personnes à l'avenir.

Commerce et échanges culturels : En raison de leur situation entre le Tigre et l'Euphrate, les Sumériens ont développé le commerce et établi des contacts avec d'autres civilisations. Ils ont créé des routes commerciales et entretenu des relations avec différentes personnes, ce qui a conduit à l'échange d'idées et à la création de nouvelles technologies.

Les Sumériens

Avancées en mathématiques et en astronomie :

Les *Sumériens* ont développé un système numérique basé sur 60, appelé système sexagésimal. Ce système est encore utilisé aujourd'hui pour mesurer le temps, avec 60 secondes par minute et 60 minutes par heure.

Les Sumériens

L'invention de la roue : les *Sumériens* utilisaient la roue aussi bien dans les véhicules de transport, comme les charrettes et les carrosses, que dans les machines, comme les moulins, pour produire de la farine.

N'est-il pas fascinant de voir comment quelque chose d'aussi simple peut être si important ?

L'invention de la roue a eu un impact très important sur le développement de la technologie tout au long de l'histoire. Grâce à elle, de nombreuses d' autres inventions incroyables ont été devenues possibles. C'est pourquoi la roue est considérée comme l'une des inventions les plus grandes et les plus brillantes de l'humanité.

L'histoire de la voiture

Personne ne sait qui a inventé la roue, mais la première voiture à essence a été créée en Allemagne par l'ingénieur Karl Friedrich Benz en 1886.

Cette voiture pionnière ressemblait à une calèche, mais sans chevaux. Il avait trois roues et ne pouvait transporter que deux personnes. Le moteur était très simple, avec un seul rapport, et sa vitesse maximale était de 16 kilomètres par heure (16 km/h).

L'histoire de la voiture

La voiture devient très populaire grâce à l'homme d'affaires américain Henry Ford et son célèbre « Model T », créé en 1908.

Henry Ford a révolutionné l'industrie automobile avec une méthode innovante appelée chaîne de montage, dans laquelle chaque employé était chargé d'assembler une seule partie de la voiture.

L'histoire de la voiture

La chaîne de montage a accéléré la production de véhicules, permettant de fabriquer plus de voitures en moins de temps. Ce système de travail a fait d'Henry Ford l'une des personnes les plus riches du monde.

L'histoire de la voiture

Chronologie

1769

L'inventeur français Nicolas-Joseph Cugnot a construit le premier véhicule à vapeur, appelé le *Fardier à vapeur*.

Cette invention était très intéressante, mais la voiture était assez lente, atteignant une vitesse de pointe de seulement 3,6 km/h (3,6 kilomètres par heure).

L'histoire de la voiture

1881

L'inventeur français Gustave Trouvé a construit la première voiture électrique. Il pouvait atteindre une vitesse de 15 kilomètres par heure.

La voiture de Trouvé était un tricycle, c'est-à-dire qu'elle avait trois roues et fonctionnait avec un moteur électrique à l'arrière. Les batteries, chargées d'alimenter le moteur, étaient situées à l'avant du véhicule. La voiture présentait également des fonctionnalités modernes, telles qu'un volant et un système de commande d'accélération et de freinage.

L'histoire de la voiture

1886

Karl Friedrich Benz a inventé la première voiture à essence, qui atteignait une vitesse de 16 km/h.

1908

 Henry Ford a créé le « Modèle T », rendant les voitures plus populaires. Il était bon marché et atteignait une vitesse de 72 km/h.

L'histoire de la voiture

2020

La voiture la plus rapide du monde, appelée SSC Tuatara, a atteint une vitesse incroyable de 508 kilomètres par heure sur une route aux États-Unis.

Curiosité

La plus grande roue du monde, mesurant 250 mètres de haut, est appelée « roue d'observation *d'Ain Dubaï* ». Elle est à Dubaï, aux Émirats arabes unis.

Elle a ouvert ses portes en octobre 2021 et dispose de 48 cabines offrant une vue magnifique sur la ville de Dubaï et le golfe Persique.

La magie des sciences

Tension superficielle de l'eau

Tension superficielle de l'eau

As-tu déjà pris le temps de réfléchir au fonctionnement du monde qui nous entoure ? Pourquoi le verre est-il transparent ? Qu'est-ce que la lumière ? Pourquoi voyons-nous des couleurs ? Qu'elles sont les étoiles ? Pourquoi la Lune change-t-elle de forme ?

Eh bien, la science est là pour nous aider à percer tous ces mystères !

Grâce à l'observation, à l'expérimentation et à beaucoup de curiosité, les scientifiques explorent et découvrent des choses incroyables sur la nature, les animaux, le corps humain et bien plus encore.

La science est une façon particulière de regarder le monde et de découvrir comment les choses fonctionnent. C'est comme un grand puzzle, où chaque pièce représente une découverte et, une fois assemblée, révèle des secrets et des connaissances surprenants.

Tension superficielle de l'eau

En étudiant la science, nous pouvons mieux comprendre les phénomènes qui se produisent autour de nous et ainsi percer les secrets de la nature.

Dans ce livre, nous explorerons un phénomène très intéressant : **la tension superficielle de l'eau**.

As-tu déjà réfléchi à la raison pour laquelle certains insectes sont capables de se poser sur l'eau et de n'y pas s'enfoncer ?

C'est un mystère, n'est-ce pas ?

Grâce à la science, nous comprendrons comment se comporte l'eau et pourquoi sa surface peut être si particulière.

Es-tu prêt à te lancer dans ce fantastique voyage scientifique ?

Alors, ensemble, démêlons les secrets de la tension superficielle de l'eau et découvrons à quel point la science peut être amusante et surprenante !

Tension superficielle de l'eau

La tension superficielle est un effet qui se produit dans la couche superficielle d'un liquide, comme l'eau.

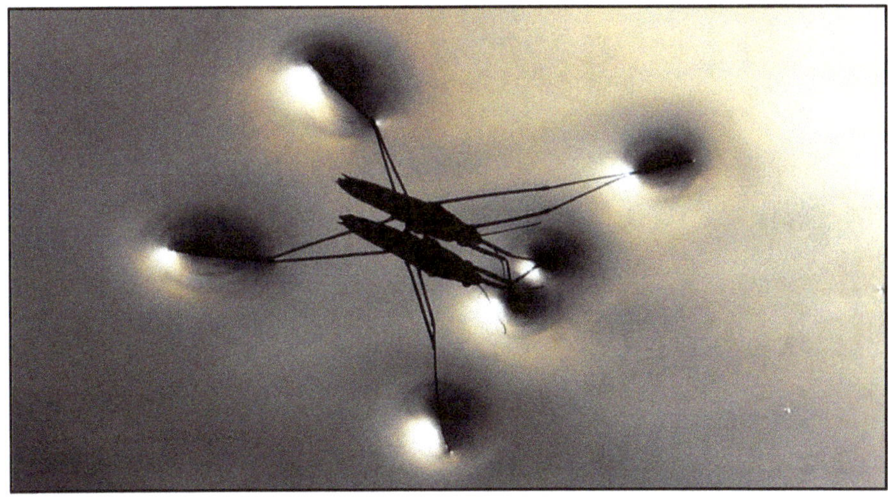

Remarque comment les pattes du moustique plient l'eau. Cela se produit parce qu' il est très légèr et que l'eau a une propriété élastique à sa surface.

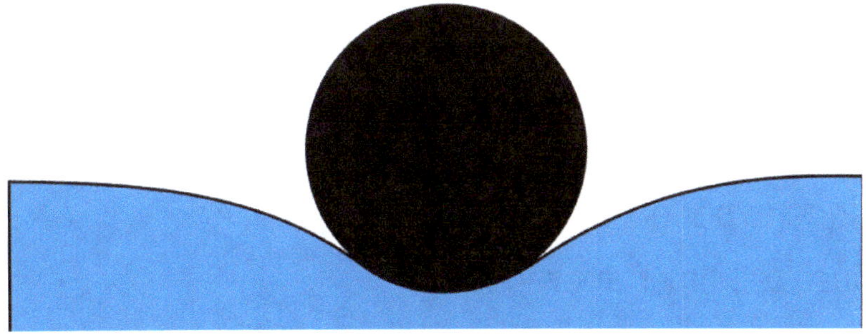

Maintenant, remarque la petite boule noire sur l'eau. Elle ne coule pas, car elle est légere et ne peut pas briser l'élasticité de l'eau. Tout comme les pattes du moustique, elle plie l'eau.

Expériences scientifiques

Explorons le phénomène fascinant de la « tension superficielle de l'eau » dans la pratique pour mieux comprendre son fonctionnement. À la fin de chaque expérience, tu trouveras un *QR code* pour accéder à une vidéo avec des instructions détaillées étape par étape. N'oublie pas de demander la permission à tes parents pour faire les expériences et regarder les vidéos sur *YouTube*. Tu dois utiliser *Google Lens*, mais des instructions à ce sujet seront fournies à la fin de chaque expérience.

Amuse toi, lis et apprends !

Clips dans l'eau

Il n'y a pas que les insectes qui peuvent atterrir dans l'eau. (Saviez-vous) Tu sais que certains objets peuvent rester sur l'eau sans couler ? Découvrons comment !

> L'expérience suivante montre ce qui arrive aux objets légers sur l'eau.

Tu auras besoin d'un bol ou d'une tasse d'eau, d'un clip papier 2.0 ou d'une petite aiguille.

1. Remplisse un bol ou un verre d'eau.

2. Plie l'extrémité longue du clip vers le haut afin de pouvoir le tenir avec tes doigts.

3. Place un clip papier 2.0 ou une petite aiguille à l'extrémité du clip que tu viens de plier.

4. Place le clip dans l'eau en le touchant doucement et abaisse-le lentement. Si le clip coule, utilise une fourchette ou une cuillère pour le ramasser et réessaye.

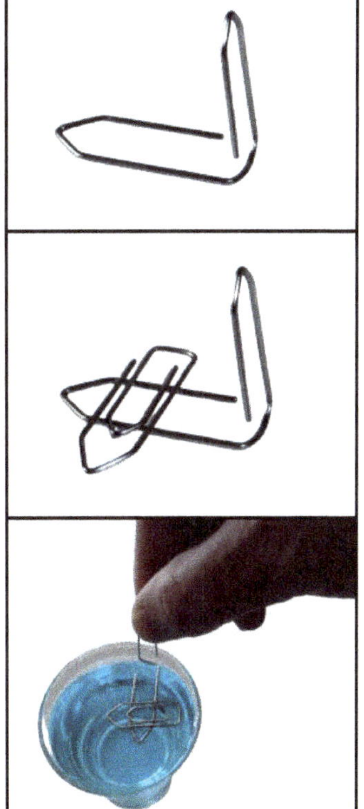

5. Regarde bien et tu verras que la pince ou l'aiguille plie l'eau, tout comme la petite boule noire et les pattes du moustique à la page 31. Cette propriété de l'eau, qui permet aux objets légers de rester à sa surface, est appelée tension superficielle.

6. Demande à tes parents la permission de regarder la vidéo de cette expérience sur YouTube. Ouvre *Google Lens* sur ton téléphone, pointe l'appareil photo sur le *QR code* et clique sur le lien qui apparaîtra.

Une information très importante !

Le **clip papier** ne flotte pas. En fait, c'est la force de la tension superficielle qui le maintient au-dessus de l'eau.

Comprenons mieux : si on met un cure-dent dans un verre d'eau, il flottera. Cela se produit parce que le bois est moins dense que l'eau, c'est-à-dire plus léger. Lorsqu'on pousse le bâton sous l'eau, il remonte. C'est ce que nous appelons la flottaison. Les objets comme le bois, la mousse de polystyrène et la glace flottent, car ils sont moins denses que l'eau.

Remarque dans l'image ci-dessus que le clip plie la couche élastique qui existe sur l'eau !

Si nous laissons tomber le clip dans l'eau, il coulera. Cependant, lorsque nous le posons doucement sur l'eau, il ne coule pas. Cela se produit en raison de la force de tension superficielle, tout comme cela se produit avec les moustiques que nous avons vus aux pages 30 et 31.

Eau sur pièce de monnaie

Tu sais qu'il est possible de mettre plusieurs gouttes d'eau sur une pièce de monnaie sans qu'elle ne se renverse ?

Faisons une expérience vraiment cool pour voir cela se produire !

Tu as besoin de l'eau, d'une pièce de monnaie de n'importe quelle taille et d'une pipette ou d'un compte-gouttes.

1. Remplisse la pipette d'eau et rapproche l'embout de la pièce de monnaie. Appuye lentement sur le fond de la pipette pour déposer une goutte d'eau sur la pièce.

2. Répéte cette procédure et ajoute plus de gouttes d'eau, une à la fois.

3. Observe que l'eau prend une forme arrondie et dépasse le bord de la pièce. Cela se produit parce que la force de la tension superficielle de l'eau est capable de la retenir et de l'empêcher de s'écouler de la pièce.

4. À un moment donné, après avoir placé plusieurs gouttes d'eau sur la pièce, la force de tension superficielle ne sera plus suffisante pour retenir l'eau et elle s'écoulera.

5. Demande à tes parents la permission de regarder la vidéo de cette expérience sur *YouTube*. Ouvre *Google Lens* sur ton téléphone, pointe l'appareil photo sur le *QR code* et clique sur le lien qui apparaîtra.

Amuse-toi avec cette expérience. Tu peux jouer avec tes amis et ta famille, en rivalisant pour voir qui mettra le plus de gouttes d'eau sur la pièce !

Un jeu très amusant consiste à réunir un groupe de personnes, où chaque participant met une ou deux gouttes d'eau sur une pièce de monnaie et passe le tour à la personne suivante. Celui qui met la goutte qui fait déborder l'eau est disqualifié, et le jeu recommence jusqu'à ce qu'il ne reste que le vainqueur.

Loupe 1

Sais-toi ce qu'est une loupe ? Les loupes nous aident à voir les choses plus grandes qu'elles ne le sont réellement !

Les lentilles sont généralement fabriquées à partir de matériaux transparents, tels que le verre, le cristal ou l'acrylique (un type de plastique). Ils ont une forme ronde et sont souvent plus épais au centre et plus fins sur les bords.

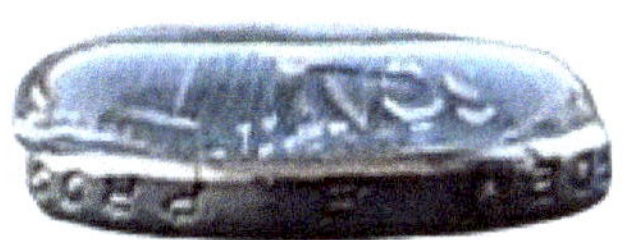

Tu connais déjà cette forme arrondie que fait l'eau lorsque tu la mettes sur une pièce de monnaie ? Ce format ressemble beaucoup à une loupe ! Faisons une expérience amusante en utilisant la force de la tension superficielle de l'eau pour créer notre propre loupe. Tu auras besoin d'un morceau de plastique dur et transparent, d'une pipette ou d'un compte-gouttes et d'eau.

1. Place une goutte d'eau sur le plastique transparent. La tension superficielle de l'eau donnera à la gouttelette une forme arrondie, plus épaisse au centre et plus fine sur les bords.

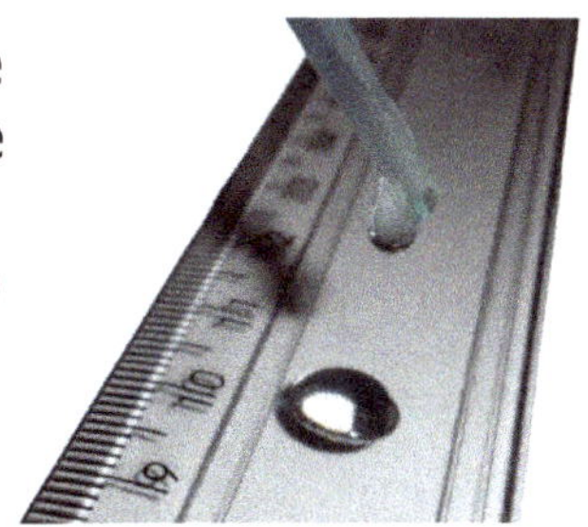

2. Tiens le bord du plastique et positionne la goutte d'eau légèrement au-dessus des lettres imprimées sur le papier. L'idéal est d'utiliser un vieux magazine ou journal.

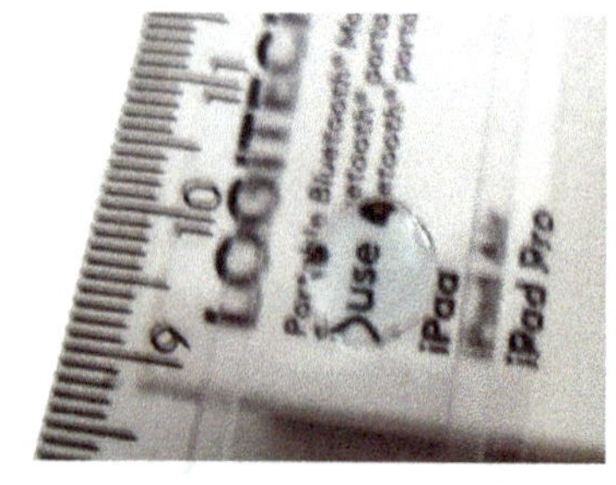

3. Rapproche ou éloigne le plastique du texte jusqu'à ce que les lettres soient claires et que tu puisses les voir plus grandes qu'elles ne le sont réellement.

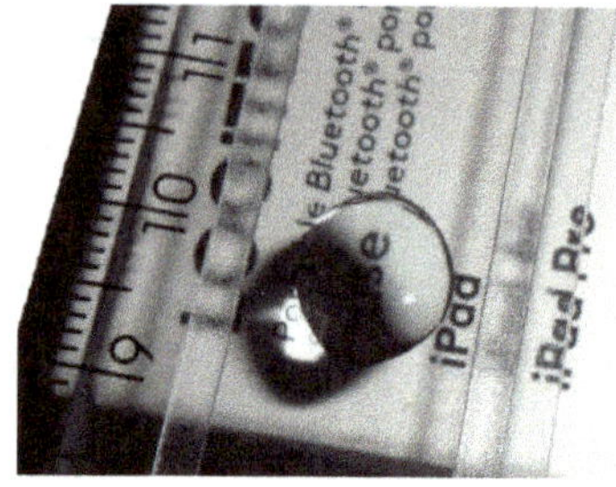

4. Demande à tes parents la permission de regarder la vidéo de cette expérience. Accéde à *Google Lens* sur ton téléphone portable, pointe sur le *QR code* sur le côté et clique sur le lien pour accéder à la vidéo sur *YouTube*.

Apprends à ta famille et à tes amis comment construire une loupe et amusez-vous avec cette expérience fascinante !

Loupe 2

Il existe une autre façon de fabriquer une loupe avec de l'eau. Cette fois, tu auras besoin d'un morceau de fil malléable, d'un crayon et d'un verre d'eau.

1. Prends le morceau de fil et, à l'aide du crayon, torde le fil pour former un anneau au bout.

2. Tiens l'extrémité du fil, plonge le fil dans le verre d'eau et retire-le très lentement.

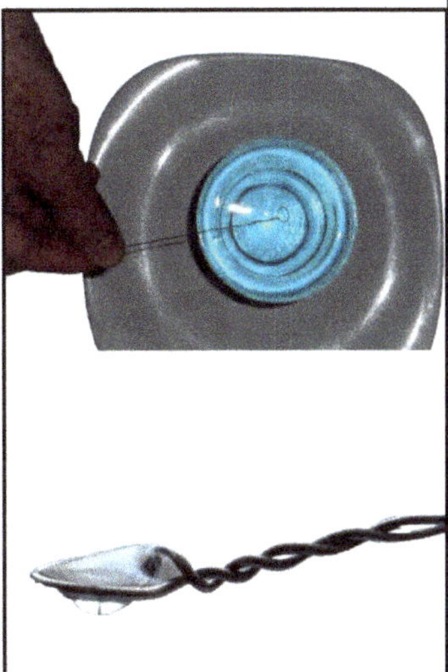

3. La tension superficielle retiendra l'eau autour du bord avec une forme arrondie dont le centre est plus épais que les bords.

4. Maintenant, positionne l'anneau au-dessus des lettres d'un texte.

5. Rapproche ou éloigne le cadre du texte jusqu'à ce que les lettres deviennent plus grandes et lisibles.

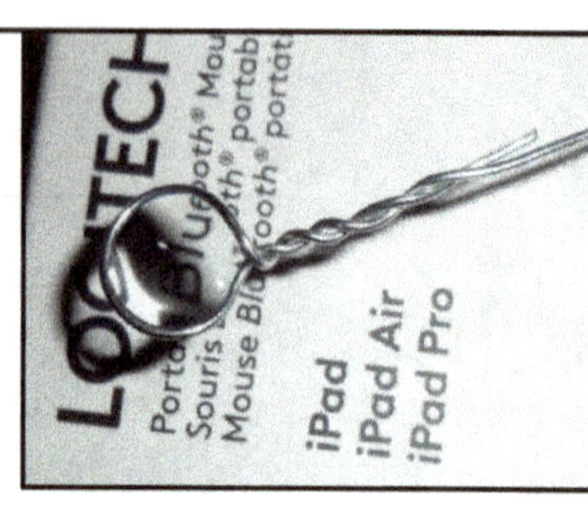

6. La vidéo de cette expérience est également sur *YouTube*. Demande la permission à tes parents, utilise *Google Lens* sur ton téléphone portable pour scanner le *QR code* et clique sur le lien pour regarder la vidéo.

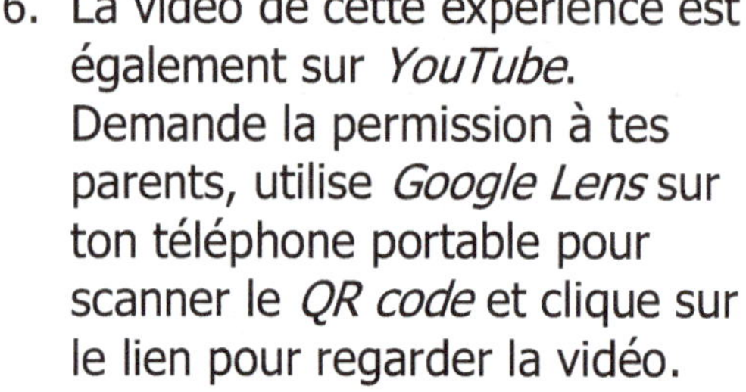

Un conseil important : contrairement à la loupe en plastique transparent, l'eau emprisonnée dans le bord est facile à libérer et peut tomber sur le papier. Évite donc de faire cette expérience sur un livre ou un magazine, pour ne pas risquer de mouiller et d'abîmer les pages.

Le poisson de papier

Cette expérience est tout simplement surprenante et je suis sûr que tu vas bien l'aimer !

Tu peux imprimer le modèle de poisson ou découper un morceau de papier avec une découpe au bord arrière.

1. Verse de l'eau dans un grand récipient.

2. Maintenant, place le poisson dans l'eau, près du bord.

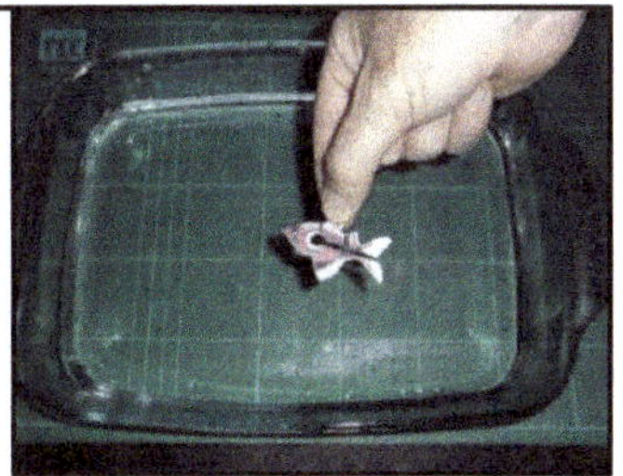

3. Applique un peu de détergent sur la pointe d'un cure-dent et « colle » l'eau dans la coupure, sur le dos du poisson.

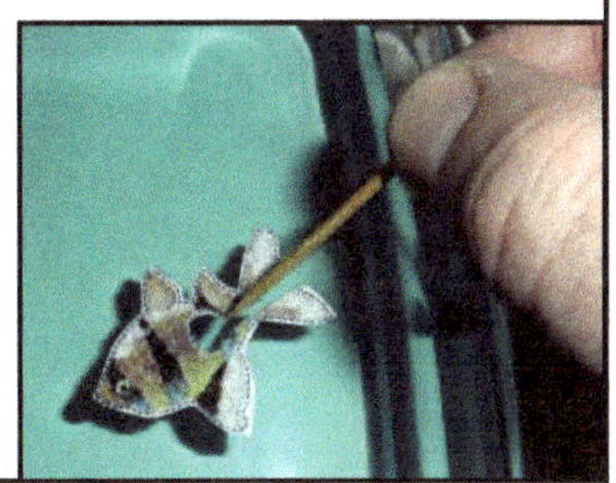

Le détergent réduit la force de la tension superficielle de l'eau au verso du papier, mais au recto, la tension superficielle reste forte. Cela amène l'eau à tirer le « poisson » et il se déplace.

Cette expérience est vraiment cool et facile à faire à la maison.

Si tu souhaites regarder la vidéo pour vivre l'expérience, demande à tes parents la permission d'utiliser ton téléphone portable. Ouvre simplement *Google Lens*, pointe l'appareil photo vers le *QR code* sur le côté et clique sur le lien.

Le modèle du poissons est disponible sur le site « *pour les parents et les enfants* ». Demande à tes parents d'accéder au site Web en scannant le *QR code* ci-dessous. Sur la page qui s'ouvre, ils trouveront des liens vers des modèles pour toutes les activités

du livre, y compris l'expérience du poisson en papier. Ils pourront accéder et imprimer tous les modèles à partir de ces liens.

La force de tension superficielle

Maintenant que tu sais ce qu'il faut faire pour réduire la force de tension superficielle de l'eau, que dirais-toi de voir cela en pratique !

Répétons l'expérience avec le clip papier et la pièce pour voir cet effet en action. Nous allons commencer par le clip.

1. Place le clip sur l'eau dans un verre. Ensuite, utilise la pointe d'un cure-dent pour percer l'eau près du clip. Tu remarqueras que rien ne se passe.

2. Maintenant, mouille la pointe du cure-dent avec un peu de détergent, le même que celui que nous utilisons pour faire la vaisselle.

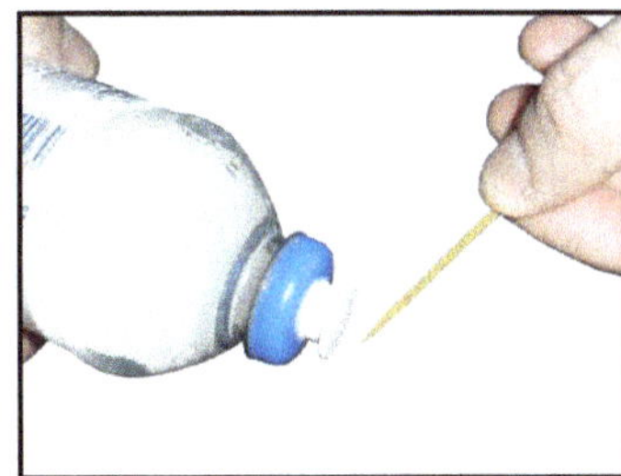

3. Perce à nouveau l'eau et observe ce qu'il se passe.

Tu verras que le clip va couler ! Faisons maintenant la même expérience avec la pièce.

1. Ajoute de l'eau à la pièce jusqu'à ce qu'elle atteigne le bord.

2. Utilise la pointe d'un cure-dent pour percer l'eau. Tu remarqueras que rien ne se passe.

3. Maintenant, mouille la pointe du cure-dent avec un peu de détergent et perce à nouveau l'eau.

4. L'eau s'écoulera de la pièce.

5. Demande à tes parents la permission de regarder la vidéo de cette expérience. Accéde à *Google Lens* sur ton téléphone portable, pointe l'appareil photo sur le *QR code* sur le côté et clique sur le lien pour accéder à la vidéo sur *YouTube.*

Sais-toi pourquoi cela arrive ?

Le savon contenu dans le détergent réduit la force de la tension superficielle de l'eau, la rendant incapable de maintenir le clip au-dessus de l'eau ou de maintenir l'eau sur le bord de la pièce.

Oh, il y a encore une information très importante !

Si tu essaies de remettre le clip dans l'eau ou de mettre des gouttes d'eau sur la pièce, tu n'y arriveras pas.

En effet, la tension superficielle devient faible à cause du savon. Pour répéter l'expérience, il faudra jeter l'eau, laver le verre et la pièce pour éliminer toute trace de savon. Avec l'eau et la pièce très propres, tu pourras répéter l'expérience autant de fois que tu le souhaites !

L'anti-bulle

C'est dû à la tension superficielle !

Nous avons déjà vu que la tension superficielle est égale à une « couche élastique » qui existe à la surface de l'eau. Cela provoque le collage des molécules à la surface du liquide, formant une couche solide et résistante.

La tension superficielle de l'eau est suffisamment forte pour empêcher la formation de bulles stables. Lorsque l'on essaie de faire des bulles avec de l'eau pure, elles ne parviennent pas à conserver leur forme ronde et finissent par éclater rapidement.

C'est là qu'intervient le savon ! Le savon contient des substances spéciales appelées *tensioactifs*. Ces substances ont la capacité de réduire la tension superficielle de l'eau, comme nous l'avons déjà vu dans l'expérience avec le clip de papier sur l'eau, avec la pièce de monnaie et avec le poisson en papier.

Lorsque nous mélangeons du savon dans de l'eau, les *tensioactifs* contenus dans le savon se propagent à la surface de l'eau, affaiblissant ainsi la tension superficielle. Cela permet aux bulles de se former et de durer plus longtemps, créant ces belles sphères pleines de couleurs et de brillance.

Les bulles de savon sont constituées de fines couches d'eau et de savon, avec de l'air à l'intérieur et à l'extérieur. Regarde l'illustration, où l'eau à l'intérieur de la bulle est entourée d'une fine couche de savon des deux côtés.

Par contre, l'anti-bulle est exactement l'inverse. C'est une sphère d'air avec de l'eau à l'intérieur et à l'extérieur. Et, dans ce cas, le savon joue également un rôle dans la création de la bulle et son maintien en stabilité.

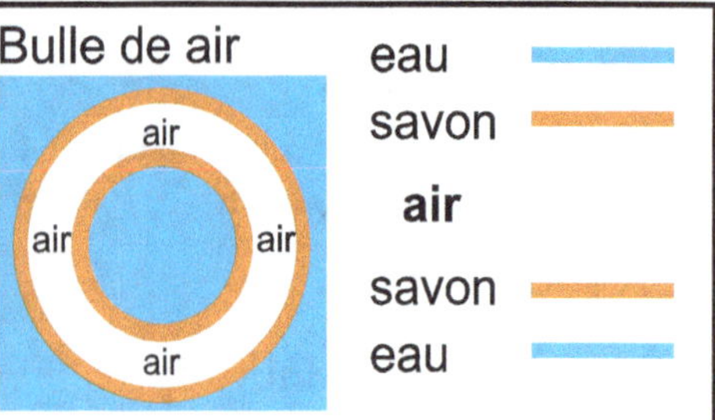

Dans le processus décrit ci-dessous, (1) l'eau présente dans le verre est recouverte d'une couche d'air. (2) Lorsque l'eau sort de la paille et (3) entre en contact avec l'eau du verre, elle finit par être entourée d'une couche d'air, (4) acquérant ainsi la forme d'une bulle.

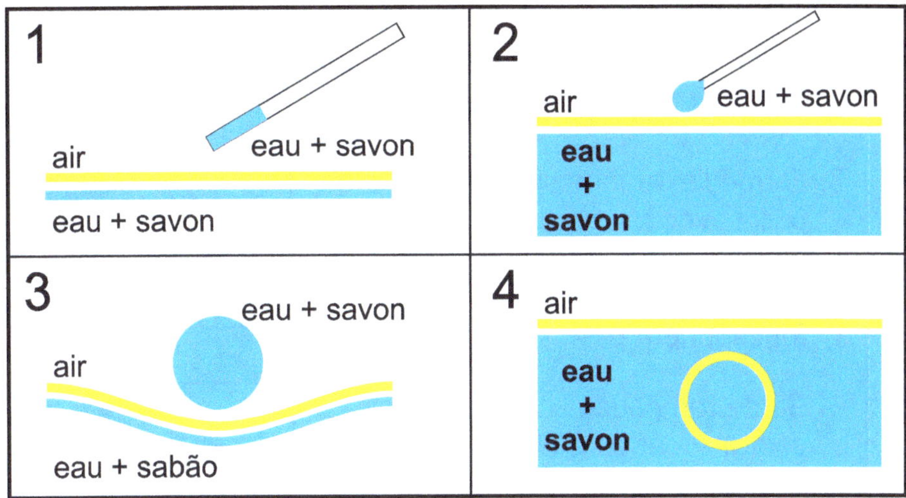

Tu auras besoin d'un verre d'eau, de détergent à vaisselle et d'une paille à soda.

1. Commence par ajouter 10 gouttes de détergent dans le verre d'eau. Remue(z) l'eau à l'aide de la paille pour bien mélanger le tout et puis attends 5 minutes que le mélange se stabilise.

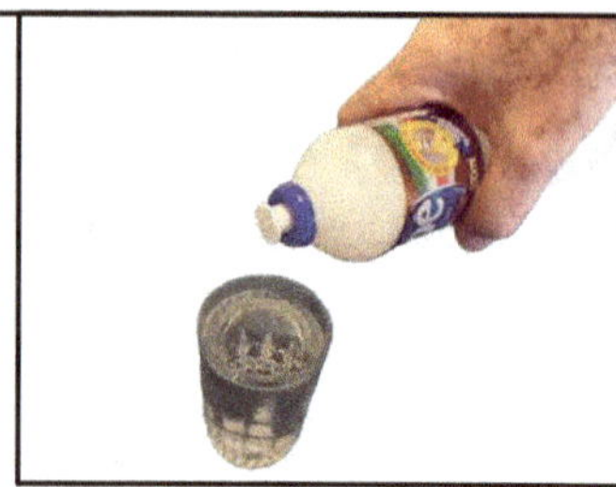

2. Tiens la paille autour de ta main et place-en la moitié dans l'eau.

3. Ferme l'extrémité supérieure de la paille avec ton pouce. Assure-toi de bien le fermer, car si de l'air entre par cette extrémité, l'expérience ne fonctionnera pas.

4. Garde ton pouce appuyé sur la pointe supérieure et retire la paille de l'eau. Pendant que ton pouce ferme le haut, l'eau à l'intérieur de la paille sera emprisonnée.

5. Maintenant, rapproche le bout de la paille de l'eau dans le verre. Assure-toi que la paille soit à environ 1 cm au-dessus de l'eau.

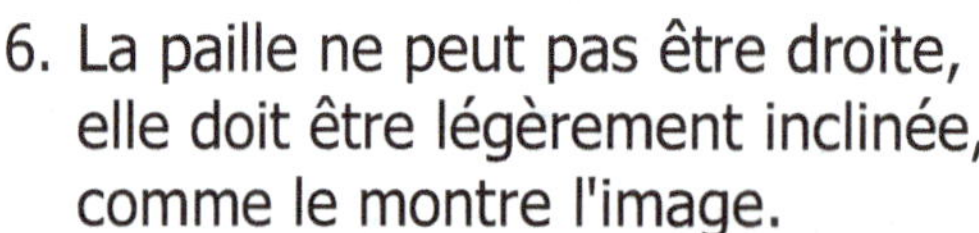

6. La paille ne peut pas être droite, elle doit être légèrement inclinée, comme le montre l'image.

7. Maintenant, retire ton pouce du haut de la paille et regarde ce qui se passe ! L'eau qui se trouvait à l'intérieur de la paille sortira et entrera en collision avec l'eau du verre pour créer la bulle.

8. L'eau de la paille et l'air au-dessus de l'eau dans le verre créeront une bulle d'air fantastique. C'est la spectaculaire bulle d'air ou anti-bulle !

9. Demande à tes parents la permission de regarder la vidéo de cette expérience. Ouvre *Google Lens* sur ton téléphone portable, pointe sur le *QR code* sur le côté et clique sur le lien pour visionner la vidéo disponible sur *YouTube.*

N'oublie pas : cette expérience est un peu difficile, mais je suis sûr que tu seras surpris par le résultat !

Apprends à la faire, puis amuse-toi à défier tes amis et ta famille pour créer des anti-bulles.

La tension superficielle - spirale

Un escalier peut être construit sous la forme d'une spirale. Par exemple, il s'agit de l'escalier de l'hôtel Astória, situé à Barcelone, en Espagne.

La galaxie dans laquelle nous vivons, la Voie lactée, a également la forme d'une spirale.

Une spirale est une forme incurvée qui ressemble à un escargot ou à un tourbillon. C'est comme dessiner un cercle, mais au lieu de se terminer au même point, il continue à former des cercles plus petits à l'intérieur du cercle plus grand.

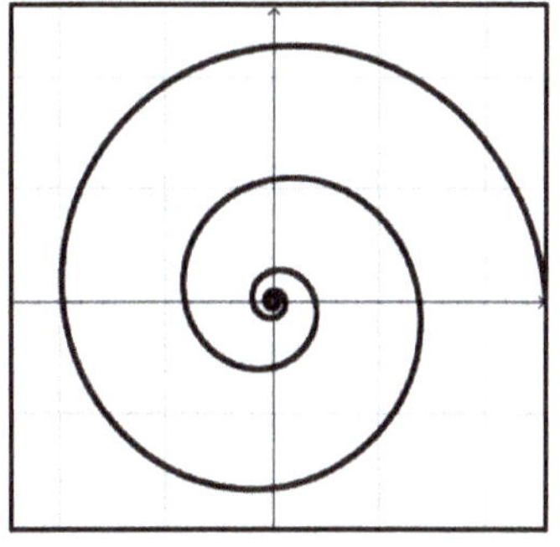

Maintenant, je vais te montrer quelque chose d'intéressant sur la tension superficielle à travers une spirale. Pour cela, nous aurons besoin d'un fil fin et flexible, d'un récipient rempli d'eau et d'un peu de détergent.

1. Prends un morceau de fil d'environ 25 cm de long et donne-lui la forme d'une spirale. Ensuite, place cette spirale dans le récipient rempli d'eau.

2. Trempe la pointe d'un cure-dent dans le détergent et perce le centre de la spirale pour voir ce qui se passe !

3. Demande à tes parents la permission de regarder la vidéo de cette expérience. Accéde à *Google Lens* sur ton téléphone portable, pointe sur le *QR code* sur le côté et clique sur le lien pour accéder à la vidéo.

Le détergent au centre de la spirale diminuera la force de la tension superficielle, mais à l'extérieur des cercles, la tension superficielle reste forte.

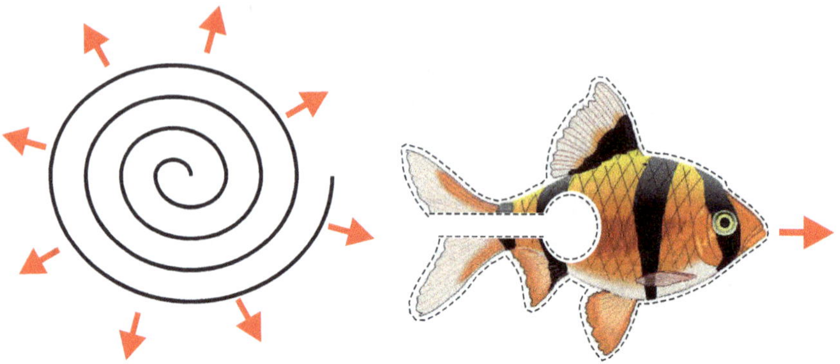

Voici le point intéressant : contrairement au poisson en papier, avec une pointe à l'avant et une à l'arrière, la spirale n'a pas de pointe. Cela signifie que la tension superficielle à l'extérieur va forcer dans toutes les directions et, par conséquent, la spirale va commencer à tourner.

Après quelques tours, il est fort probable que la spirale coule, car le détergent va réduire la force de tension superficielle et l'eau ne pourra plus retenir le fil, comme cela s'est produit dans l'expérience avec le clip de papier à la page 43.

Tension superficielle dans le lait

Pour terminer cette section, nous examinerons deux expériences incroyables, mais comme toutes les précédentes, tu dois demander la permission à tes parents pour les faire.

La première est très simple, tu as juste besoin d'une assiette d'eau et d'un peu de poudre du piment en poudre ou d'origan.

1. Remplisse l'assiette d'eau.

2. Étale le piment ou l'origan sur l'eau.

3. Utilise un doigt pour percer le centre de l'eau dans l'assiette. Un peu de poivre ou d'origan collera probablement à ton doigt.

4. Trempe ton doigt dans le détergent et perce à nouveau l'eau, au centre de l'asiette, et observe ce qui va se passer.

La deuxième expérience est un peu plus complexe en raison du matériel nécessaire. Tu auras besoin de lait entier, de colorant alimentaire et de détergent.

1. Mette le lait dans une assiette.

2. Ajoute quelques gouttes de colorant alimentaire au centre de l'assiette.

3. Trempe la pointe d'un cure-dent dans le détergent et «perce » le lait près du colorant pour voir ce qui se passe.

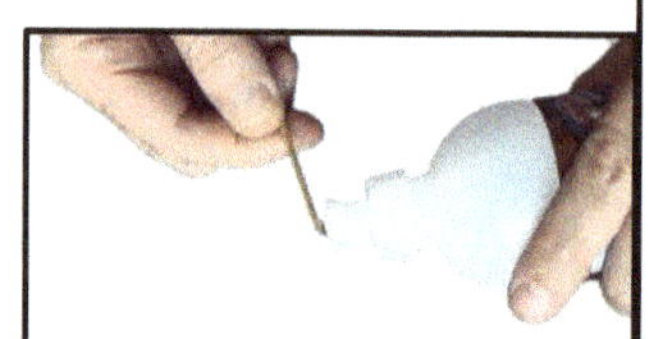

4. Demande à l'un de tes parents la permission de regarder cette vidéo. Utilise *Google Lens* avec l'appareil photo de ton téléphone pour lire le *QR code* ci-dessous, puis clique sur le lien pour regarder la vidéo.

Explorer le monde de la science est un voyage passionnant et plein de découvertes ! J'espère que les expériences que tu as appris dans ce livre ont éveillé ta curiosité et stimulé ton imagination. N'oublie pas que la science est présente dans tout ce qui nous entoure. Continue à remettre en question, à expérimenter et à apprendre, car tu nourriras ainsi le scientifique qui sommeille en toi.

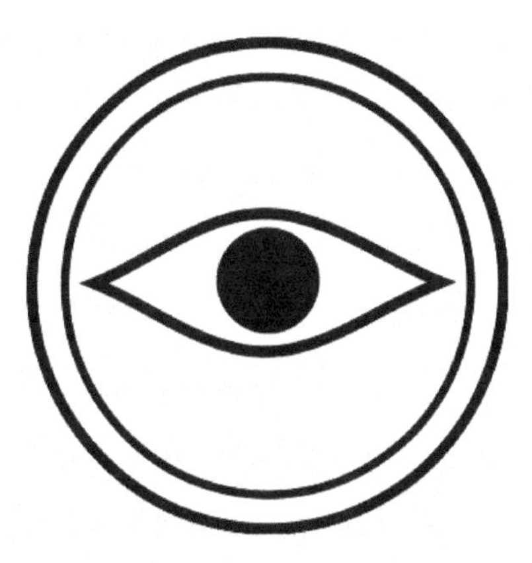

Je ne crois qu'en voyant

Illusion d'optique

Illusion d'optique

Sais-toi que tes yeux peuvent te tromper ?

Et c'est vrai ! Parfois, ce que nous pensons voir ne correspond pas à la réalité. Cela se produit à cause d'un phénomène très intéressant appelé illusion d'optique.

L'image ci-dessous montre un dessin qui pourrait être un oiseau ou un lapin. Que vois-tu ?

Les illusions d'optique sont des astuces amusantes qui peuvent dérouter notre esprit et nous faire voir des choses qui ne sont pas réelles.

Prépare-toi à t'aventurer dans ce monde fascinant et découvre comment nos yeux peuvent jouer avec notre cerveau.

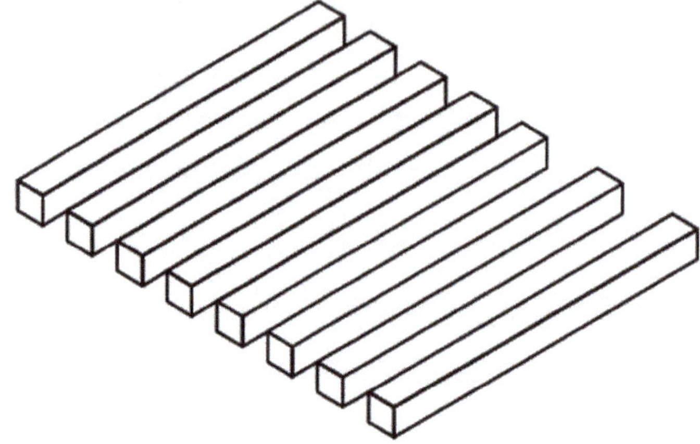

Maintenant, relevons un défi ! Combien de barres tu peux compter dans cette image : 7 ou 8 ? Compte les barres de haut en bas.

Au cours de ce voyage, tu exploreras différents types d'illusions, découvriras leurs secrets et défieras ta vision avec des expériences surprenantes.

Ouvre grand tes yeux et ton esprit, car le voyage de la connaissance est sur le point de commencer !

Défier les illusions

Teste ta perception en répondant à quelques questions sur les images ci-dessous.

Les lignes horizontales sont-elles droites ou courbes ?

Place une règle sous les lignes pour confirmer que ta réponse soit correcte.

Quelle ligne est la plus grande, celle du haut ou celle du bas ?

Mesure avec une règle et confirme ton réponse.

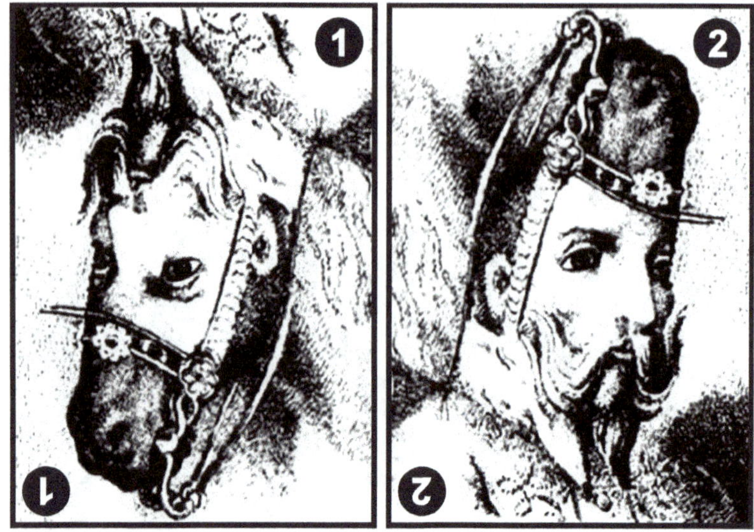

Sur la figure numéro 1, tu vois un cheval, et sur la figure numéro 2, un soldat, n'est-ce pas ?

Retourne l'image pour vérifier si elle est correcte : 1 = cheval et 2 = soldat.

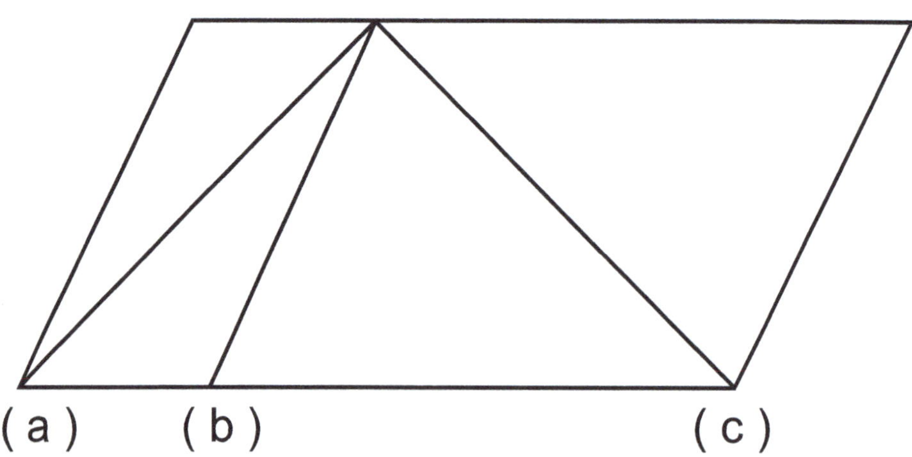

Maintenant, une question difficile : quelle ligne est la plus grande, la ligne (**a**) – (**b**) ou la ligne (**c**) ?

Utilise une règle pour vérifier ta réponse.

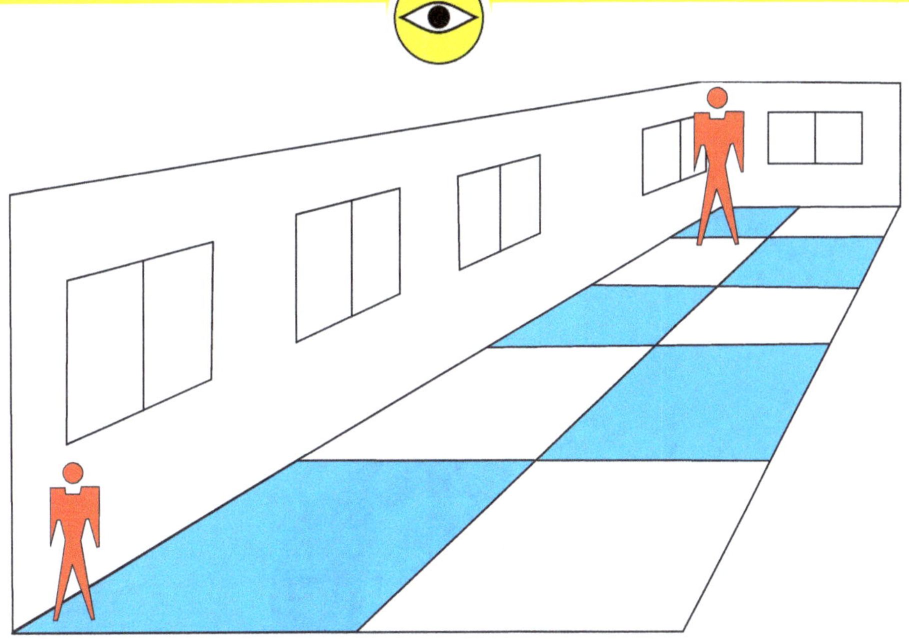

Quelle poupée est la plus grande, celle de devant ou celle de derrière ?

Mesure avec une règle pour confirmer ta réponse.

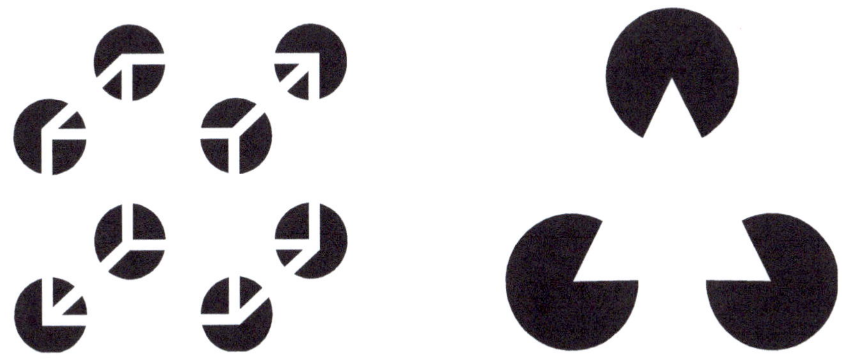

Les images ci-dessus ne sont que des cercles avec des lignes ou des coupures blanches. Question : vois-tu un cube et un triangle dessinés dessus ?

Maintenant, voici un nouveau défi ! Regarde attentivement l'une des images et compte jusqu'à 60. Ensuite, regarde immédiatement une feuille de papier vierge ou ferme les yeux pour voir la magie s'opérer.

Défie tes amis et ta famille en leur demandant laquelle des boîtes ou des tables est, selon eux, la plus grande. Utilise les parallélogrammes jaunes pour mesurer le haut des figures ! Utilise *Google Lens* pour lire le *QR code* et regarde la vidéo avec les instructions.

Découpe deux figures et aligne-les à droite ou à gauche. Ensuite, mette les gens au défi d'identifier lequelle est la plus grosse. Utilise *Google Lens* pour lire le *QR code* et regarde la vidéo avec les instructions.

Dessin animé

Un dessin animé est réalisé à partir de nombreux dessins différents présentés rapidement les uns après les autres. Chaque dessin est comme une trame de l'animation et, lorsqu'ils apparaissent très rapidement, ils semblent bouger, comme s'ils prenaient vie !

YouTube

C'est ce qu'on appelle l'animation.

Les dessins sont réalisés sur des feuilles de papier spéciales ou créés sur l'ordinateur. Ensuite, les images sont assemblées dans une séquence pour raconter une histoire.

Lorsque nous regardons un dessin animé, nous voyons une série d'images qui, quand elles sont projetées rapidement, donnent une sensation de mouvement.

À la page 69, tu verras six rectangles avec trois motifs différents pour réaliser une animation simple.

Trop facile ! Tu n'auras besoin que de ciseaux pour découper les rectangles, de colle, d'un crayon et de suivre les instructions étape par étape.

1. Découpe les 6 rectangles de la page 69 ou ouvre *Google Lens* sur ton téléphone portable pour lire le *QR code* ci-contre. Accéde au site Web et cliquez sur le lien « *animation deux images* » pour imprimer le fichier.

2. Colle les rectangles aux motifs identiques. Colle « **Point A** » sur le dessus. Aligne bien les deux extrémités pour que l'animation soit parfaite.

3. Utilise un crayon pour courber la bande de papier en haut.

4. Maintiens le rectangle par la « **Pointe A** » et effectue un mouvement de va-et-vient avec le crayon pour dérouler et rouler le papier en continu.

Avec ce mouvement de va-et-vient, tu peux créer une animation comme si les dessins prenaient vie. Maintenant, regarde tes dessins animés en action !

0 1 2 3 4 5 6 7 8 9 10 11 12 13 14

Pointe - A	
Collez ici la Pointe - A	
Pointe - A	
Collez ici la Pointe - A	
Pointe - A	
Collez ici la Pointe - A	

Pourquoi cela arrive-t-il ?

Cette illusion est facile à expliquer.
L'artiste a réalisé un double dessin,
où « l'œil » sert aux deux animaux.
Sur le côté gauche, le dessin peut
être interprété comme le « bec »
d'un oiseau ou les « oreilles » d'un lapin.

Pour dessiner les barres, l'artiste a utilisé de petits
carrés en bas et seulement deux lignes en forme de «
L » en haut. Pourquoi cette image nous trompe-t-elle ?
À noter que l'artiste a laissé un
espace plus grand en haut, du
côté droit. Grâce à cela, il a pu
dessiner un carré supplémentaire
en bas. C'est ainsi que fonctionne
l'astuce et nous fait voir quelque
chose de différent en haut et en bas des barres.

L'image en question est connue sous le nom *d'illusion
de Zöllner* et a été découverte par
le physicien et astronome
allemand *Johann Karl Friedrich
Zöllner* en 1860. Il a observé que
lorsqu'on dessine des carrés noirs

entre des lignes grises droites et parallèles, les lignes
semblent tordues ou inclinées, alors que : en réalité,
ce sont des lignes droites.

Une autre illusion incroyable est celle des barres de *Müller-Lyer*. Cela se produit lorsque nous voyons deux lignes qui semblent avoir des tailles différentes, bien qu'elles soient identiques. Une ligne comporte des flèches pointant vers l'intérieur et l'autre ligne comporte des flèches pointant vers l'extérieur. Les flèches trompent notre esprit et nous font voir une ligne plus grande que l'autre.

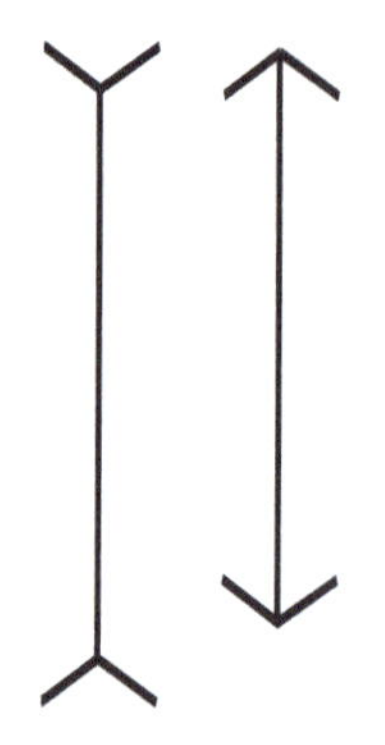

Tout comme la figure du lapin à la page 57, il s'agit également d'une image double. Remarquons par exemple que l'artiste a utilisé les oreilles du cheval pour dessiner le col de la chemise du soldat et le museau pour dessiner le chapeau.

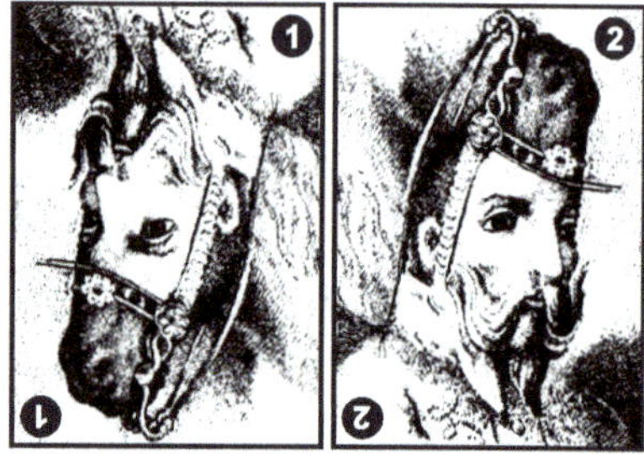

L'illusion ci-dessous est connue sous le nom de *Parallélogramme de Sanders*. La ligne diagonale du côté droit (**c**) a la même longueur que la ligne du côté gauche (**a**). Notez que la ligne « **a** » vient de la plus grande extrémité du parallélogramme, tandis que la ligne « **c** » vient de la plus petite extrémité. C'est ce qui donne l'impression que la ligne « **c** » est plus grande que l'autre.

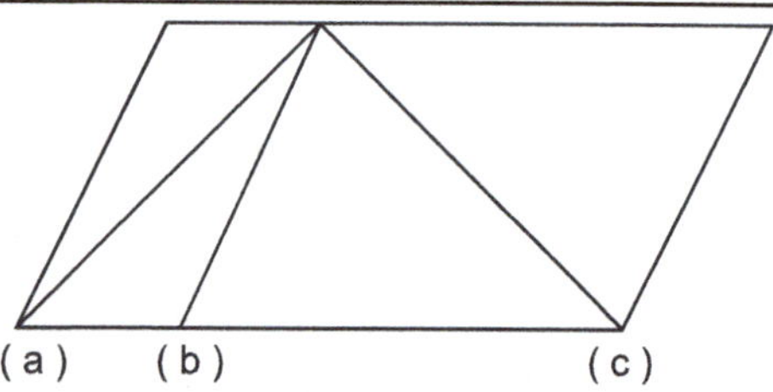

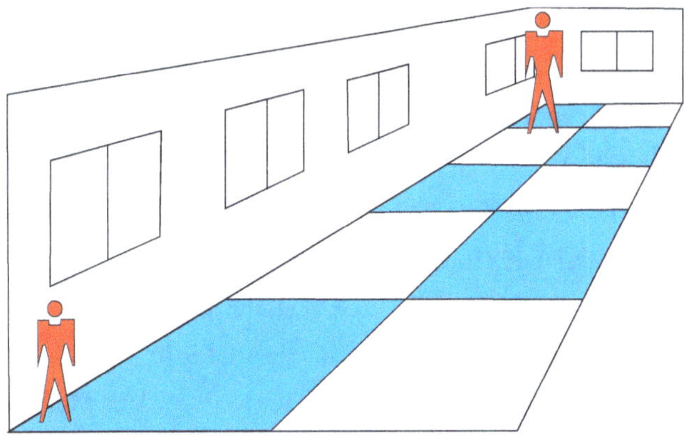

L'illusion ci-dessus est connue sous le nom d'illusion de *taille relative* ou *d'illusion de perspective*. Cette image montre clairement comment notre cerveau peut nous tromper. Étant donné que le sol et la fenêtre à l'arrière-plan de l'image sont plus petits que le sol et la fenêtre à l'avant, notre cerveau est amené à voir la figure à l'arrière-plan comme plus grande que la figure à l'avant, mais les deux ont la même taille.

Les images sur le côté sont connues sous le nom *d'illusion du négative*. Lorsque nous regardons une image pendant un long moment, puis fermons les yeux ou regardons une feuille de papier vierge, nous voyons parfois l'image différemment. C'est comme si notre cerveau jouait avec ce que nous voyons et que les couleurs étaient inversées. Le noir devient blanc et le blanc devient noir.

Dans l'illusion d'optique des tables inclinées, connue sous le nom *d'illusion d'Ames*, nous voyons deux tables qui semblent être de tailles différentes, même si elles sont identiques. Une table paraît plus grande que l'autre, car elle est inclinée vers le haut, créant l'illusion qu'elle est plus éloignée. Nos yeux nous trompent, faisant paraître l'autre table, inclinée vers le bas, plus petite. Cela montre à quel point nos yeux peuvent nous tromper, nous faisant voir des choses qui ne sont pas réelles.

Cette image est une illusion d'optique appelée *illusion d'Ebbinghaus*. Lorsque nous voyons deux figures identiques, mais l'une au-dessus de l'autre, notre cerveau nous trompe et fait paraître la figure du haut plus petite que celle du bas. C'est une astuce intéressante qui montre comment notre cerveau interprète la taille des objets en fonction de ce qui les entoure.

Les illusions d'optique sont des astuces visuelles qui peuvent nous tromper. Ils nous montrent comment notre esprit interprète les images de différentes manières. N'est-il pas étonnant de voir à quel point nos yeux peuvent nous faire voir des choses qui ne sont pas réelles ?

Si tu souhaites explorer ces illusions d'optique, tu peux télécharger et imprimer les images du livre. Demande à tes parents de t'aider à ouvrir *Google Lens* sur ton téléphone portable, pointe l'appareil photo sur le *QR code* ci-dessous et accéde au site Web « *Pour les parents et les enfants* ».

Sur l'écran qui apparaître, clique sur l'un des liens pour visualiser et imprimer le modèle. Les liens sont séparés par des noms.

Home   Português   English

Os links abaixo são para download dos anexos que fazem parte do livro "Leia e Aprenda!", indicado para crianças a partir dos 9 anos. São 168 páginas divididas em 7 capítulos - Viagem no tempo - A magia da ciência - Só acredito vendo - os Cientistas - Natureza - o Universo - Fábulas.

Animação com 2 quadros
Molde para fazer uma animação simples.

Elefante andante
Este brinquedo é simplesmente incrível! As crianças adoram e é super fácil de fazer. Você vai precisar de cola, tesoura, estilete e uma régua para construí-lo. As instruções estão disponíveis no YouTube. Clique aqui para acessar o vídeo ou use o Google Lens para scanear o QR code que no livro.

Ilusão de Ames
A "*Ilusão de Ames*" normalmente é apresentada como duas mesas ou duas caixas que parecem ter tamanhos diferentes. Mas, isso só acontece porque uma das mesas está inclinada para cima e a outra para baixo. O ângulo das mesas engana nossa percepção fazendo com que a mesa inclinada para baixo pareça menor.

Ilusão de Ebbinghaus
Quando olhamos para duas figuras iguais, uma em cima da outra, nosso cérebro pode nos enganar fazendo a figura de cima parecer menor do que a de baixo. É um truque interessante que mostra como interpretamos o tamanho das coisas dependendo do que esteja ao seu redor.

1. Animation à 2 images
2. Éléphant qui marche
3. L'illusion d'Ames
4. Illusion d'Ebbinghaus
5. Illusion de double image
6. Illusions défiantes
7. Illusion de perspective
8. Illusion de négatif
9. Poisson en papier

Maintenant que tu sais ce que sont les illusions d'optique, rappele-toi que nous ne voyons pas toujours les choses telles qu'elles sont réellement. Les illusions présentées dans ce livre prouvent à quel point nos yeux peuvent nous tromper et comment la science nous aide à voir les choses telles qu'elles sont réellement.

Garde l'esprit ouvert et continue à explorer le monde, en te rappelant toujours les cinc règles de la science !

1. Ne croies pas tout ! Aucune idée n'est vraie simplement parce que quelqu'un l'a dit, moi y compris.

2. Pense par toi-même. Remette en question tes idées. Ne croyes en rien simplement parce que tu veux y croire. Croire en quelque chose ne la rend pas vrai.

3. Teste tes idées avec des preuves obtenues par l'observation et l'expérimentation. Si ton idée favorite échoue lors d'une expérience bien conçue, c'est qu'elle est mauvaise, accepte-le !

4. Suive les preuves partout où elles te mènent. Si tu n'a pas de preuve, ne tirez pas de conclusions.

5. La règle la plus importante de toutes : on peut toujours faire des erreurs. Même les plus grands scientifiques de l'histoire, comme Newton et Einstein, ont commis des erreurs. Mais les scientifiques font-ils des erreurs ? Oui, ils sont humains !

Texte inspiré du discours de *Neil deGrasse Tyson*, de la série Cosmos.

Les scientifiques

Des esprits brillants

Des esprits brillants

Tu sais ce que fait
un scientifique ?

Un scientifique est une personne curieuse et investigatrice qui aime poser des questions sur le monde qui l'entoure. Ils sont comme des détectives qui utilisent leur créativité et leur intelligence pour découvrir de nouvelles choses et répondre à des questions importantes.

Ils aiment également explorer et observer tout ce qui les entoure, des animaux et plantes aux secrets de l'univers. Ils mènent des expériences, testent des idées et enregistrent soigneusement leurs résultats.

Ces personnes spéciales utilisent leurs connaissances et leurs compétences pour résoudre des problèmes et inventer des choses étonnantes, comme de nouveaux médicaments. Il convient de rappeler que le monde a récemment été confronté à la pandémie de « *coronavirus* », qui a débuté en 2019, et que ce sont les scientifiques qui ont contribué à la découverte d'un vaccin contre cette maladie.

Les scientifiques travaillent également dans différents domaines, tels que la biologie, la chimie, la physique et l'astronomie. Chacun de ces domaines étudie différentes choses, mais ils ont tous quelque chose en commun : la recherche de connaissances et le désir de comprendre comment les choses fonctionnent.

Ils sont très importants, car leurs découvertes et inventions peuvent améliorer nos vies et contribuer à résoudre les défis majeurs auxquels nous sommes confrontés. Et le plus cool, c'est que n'importe qui peut devenir scientifique, à condition d'être prêt à poser des questions, à explorer et à découvrir de nouvelles choses !

Albert Einstein

Cet homme était l'une des personnes les plus importantes de l'histoire de l'humanité, et je parie que vous n'avez jamais entendu personne prononcer son nom. Ai-je bien compris ?

Alors, que diriez-vous d'en connaître un peu plus sur son histoire pour comprendre pourquoi elle était si importante ?

Albert Einstein est né le 14 mars 1879 dans la ville d'Ulm, dans le royaume de Wurtemberg, qui faisait ainsi partie de l'Empire allemand. Ses parents s'appelaient Hermann Einstein et Pauline Koch.

Durant son enfance, Einstein était un enfant curieux et observateur. Dès son plus jeune âge, il a montré son intérêt à comprendre comment les choses fonctionnent. Il aimait poser des questions et explorer le monde qui l'entourait.

À l'école, il était différent des autres élèves. Il trouvait les cours traditionnels ennuyeux et se sentait parfois déplacé et incompris par les professeurs.

Bien qu'il ne se soit pas distingué comme un élève brillant dans toutes les matières, Einstein a toujours fait preuve d'un grand talent en mathématiques.

Adolescent, vers l'âge de 16 ans, Einstein a commencé à imaginer ce que ce serait de voyager dans un faisceau de lumière. Cette idée serait très **importante pour lui à l'avenir.**

En 1900, Einstein est diplômé en physique et en mathématiques de l'École polytechnique de Zurich, où il a étudié pour réaliser son rêve de devenir enseignant.

En 1903, il épousa Mileva Marić, une femme très intelligente qui étudia avec Einstein dans la même école de Zurich.

Après le mariage, les choses ont commencé à devenir difficiles pour le couple. La relation avec Mileva a eu des problèmes et Einstein a eu du mal à trouver un emploi d'enseignant, ce qu'il a toujours souhaité, car il n'a pas reçu de bonnes recommandations des écoles où il a étudié en raison de son comportement non exemplaire en tant qu'étudiant.

En 1902, un ami a trouvé pour Einstein un emploi à l'Office des brevets de Zurich. Il travaillait à temps partiel, six jours par semaine. Ce n'était pas un travail difficile. Einstein a été embauché en tant qu'expert technique de troisième classe.

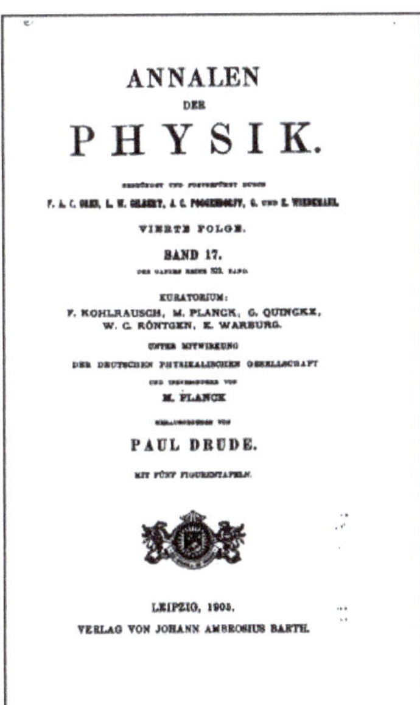

Il profite donc de son temps libre pour travailler ses théories. Pendant 3 ans, de 1902 à 1905, Einstein a développé quatre théories et a envoyé ses idées au magazine allemand *Annalen der Physik*, qui signifie « Annales de physique » en français.

C'est aujourd'hui le moment le plus important de l'histoire d'Einstein en ce qui concerne sa contribution à la science.

Il faut généralement toute une vie aux scientifiques pour développer une idée révolutionnaire et ils y parviennent rarement. Mais en seulement trois ans, Einstein a développé quatre idées révolutionnaires qui ont changé le monde de la science jusqu'à aujourd'hui.

1) Théorie du mouvement brownien : au début du 20e siècle, il existait deux phénomènes scientifiques que les scientifiques pouvaient observer, mais ne pouvaient pas expliquer. Le mouvement brownien en faisait partie. Einstein a résolu ce mystère en expliquant mathématiquement la solution !

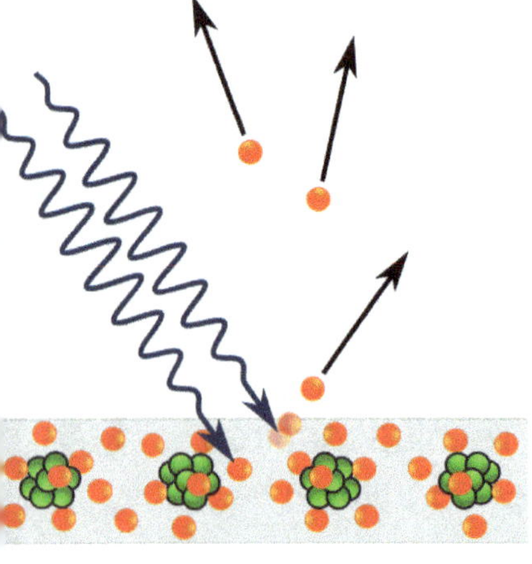

2) L'effet photoélectrique : Einstein a démontré mathématiquement comment la lumière peut repousser les électrons d'un matériau. C'était très important, car il a prouvé, entre autres choses, qu'il est possible de produire de l'électricité à l'aide de la lumière.

3) Théorie de la relativité restreinte : Einstein a expliqué que le temps et l'espace sont liés. Rappelez-vous comment il s'est demandé ce qui se passerait s'il pouvait voyager sur un faisceau de lumière ? Et puis il l'a découvert ! Si vous voyagez à la vitesse de la lumière, vous ne vieillirez pas, car le temps s'arrête. En

d'autres termes, Einstein a prouvé qu'il est possible de voyager dans l'espace et dans le temps !

4) Équation $E=mc^2$: avec cette formule simple et élégante, Einstein a expliqué le fonctionnement des étoiles. Beaucoup de gens pensent que les étoiles sont des boules de feu, mais ce n'est pas le cas. Avec sa formule mathématique, Einstein a prouvé qu'une petite quantité de matière peut être transformée en une grande quantité d'énergie. C'est ainsi que notre Soleil et toutes les autres étoiles brillent dans le ciel, pendant des millions, voire des milliards d'années !

Einstein a découvert qu'il y avait une erreur dans sa théorie Théorie **spéciale** de la relativité .Il a donc travaillé durant des années à faire de nouveaux calculs jusqu'à ce qu'il trouve la réponse en 1915, dix ans après la publication de sa première théorie.

L'œuvre d'Einstein une fois de plus était géniale et révolutionnaire.

Pendant 250 ans, les scientifiques ont cru que la gravité était une force qui faisait tourner les planètes autour du Soleil.

Einstein a présenté la Théorie **Générale** de la Relativité, auparavant la Théorie Spéciale, prouvant que la Gravité n'est pas une force, mais un effet.

Selon Einstein, rien dans l'Univers ne bouge à moins d'être poussé et non tiré. Pour que quelque chose se déplace, il faut la pousser.

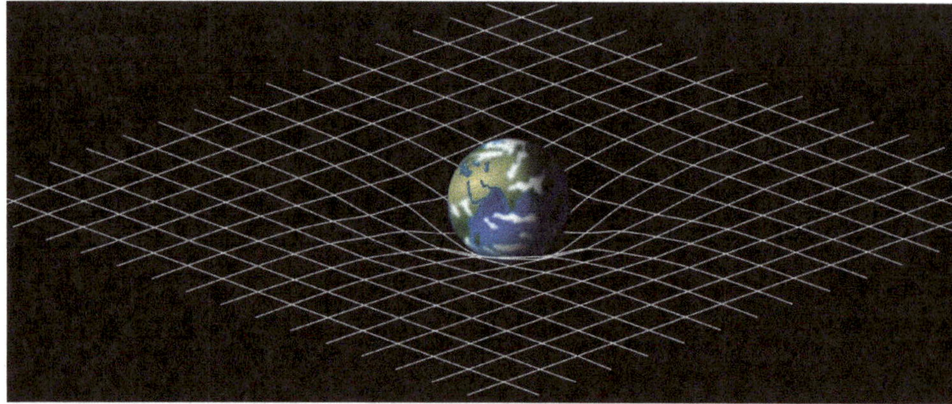

Il a découvert que la gravité est un espace courbé à cause de la masse et que lorsqu'il est courbé, il pousse tout vers le centre.

Avec ses idées révolutionnaires, Einstein a percé de nombreux secrets de l'Univers et ouvert les portes de la connaissance à d'autres scientifiques.

Il est bon de rappeler que les découvertes d'Einstein, à cette époque, ne pouvaient être ni observées ni testées ; les preuves qu'il présentait étaient toutes mathématiques.

Il est également important de noter qu'il n'avait pas accès à un ordinateur ou à une calculatrice, car ils n'existaient pas encore. De plus, il n'avait pas de laboratoire dans lequel travailler ; à cette époque, il était employé au bureau des brevets et consacrait uniquement son temps libre à l'étude et au développement de ces théories.

Avec juste un crayon, une feuille de papier et son cerveau, Einstein nous a montré comment fonctionne l'Univers !

Alors, n'était-il pas brillant ?

« Si un jour, vous devez choisir entre le monde et l'amour, rappelez-vous : si vous choisissez le monde, vous serez sans amour, mais si vous choisissez l'amour avec lui, vous conquerrez le monde. »

Tu viens de t'immerger dans le monde fascinant des scientifiques en apprenant un peu plus sur l'esprit brillant d'Albert Einstein, l'un des plus grands génies de l'histoire !

Ses théories ont révolutionné notre compréhension de l'univers et sa curiosité infatigable continue d'inspirer les scientifiques à chercher des réponses aux grands mystères de la vie !

Désormais, prépare-toi à rencontrer des créatures fantastiques et surprenantes. Poursuivons notre voyage de découverte en ouvrant les yeux sur quelques merveilles de la nature !

Nature

Super-héros

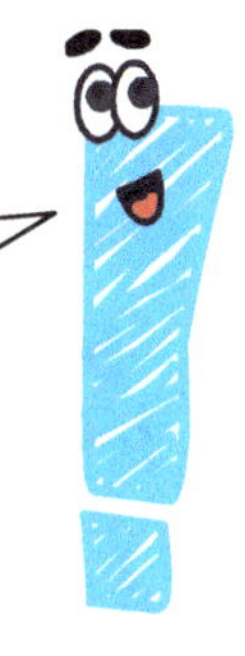

Chez DC, nous avons Superman volant dans les cieux, Batman protégeant *Gotham City*, Wonder Woman avec sa force imbattable, Flash courant à une vitesse vertigineuse, Aquaman nageant dans les océans et Catwoman avec ses compétences agiles.

Chez Marvel, on retrouve Iron Man avec sa puissante armure, Black Panther protégeant le *Wakanda*, Spider-Man lançant des toiles à travers les bâtiments, Daredevil combattant le crime dans les rues, Captain America menant les Avengers, Hulk avec sa force incontrôlable, Thor avec son marteau magique et Black Widow avec sa dextérité et son intelligence.

Mais tu sais qu'il existe aussi des super-héros dans la nature ? Ce sont des animaux incroyables aux capacités surprenantes ! Faisons connaissance ensemble et tu pourras ensuite choisir ton préféré.

Le superpouvoir du son

Daredevil est un super-héros doté d'une habileté particulière : même s'il ne voit pas, il peut cartographier l'environnement qui l'entoure à l'aide d'ondes sonores. Cela signifie qu'il crée une image mentale précise de votre environnement à l'aide du son !

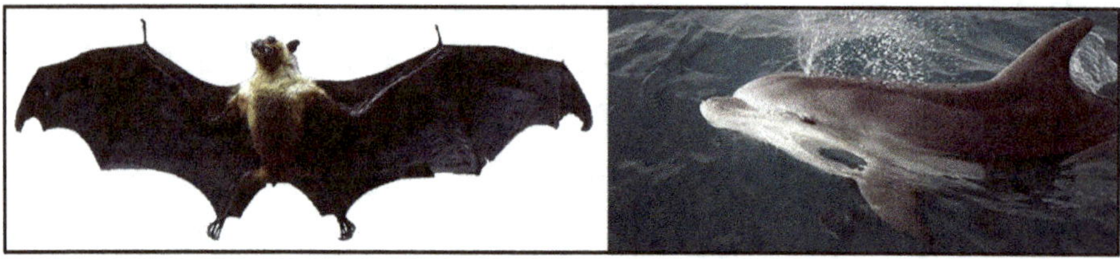

Faisons maintenant connaissance avec deux animaux qui ont des habiletés très similaires à celles de Daredevil : la chauve-souris et le dauphin.

Les chauves-souris sont les seuls mammifères capables de voler et possèdent des oreilles très spéciales qui permettent de capter et de traiter les sons émis et les échos qui reviennent.

Ils utilisent ce qu'on appelle l'écholocation pour s'orienter et identifier tout ce qui les entoure.

Ils émettent des sons à haute fréquence, si aigus que nous ne pouvons pas les entendre, et ils écoutent les échos qui reviennent lorsque ces sons frappent quelque chose devant eux.

En fonction de la direction, de l'intensité et de la durée des échos, les chauves-souris sont capables de créer une carte mentale de l'environnement, de trouver des proies, d'éviter les obstacles et de trouver un abri.

Tout comme Daredevil utilise les ondes sonores pour cartographier son environnement, les chauves-souris utilisent l'écholocation pour explorer et interagir avec le monde qui les entoure.

Sabia que os golfinhos, igual os morcegos, conseguem
Tu sais que les dauphins, comme les chauves-souris,
peuvent voir au-delà de leurs yeux ? Ils utilisent un
système de localisation appelé sonar, similaire à
l'écholocation chez les chauves-souris.

Ils émettent des sons à haute fréquence, généralement
dans la gamme des ultrasons, et écoutent les échos qui
reviennent après que ces sons ont frappé quelque
chose autour d'eux. Cette habileté permet aux
dauphins de détecter et de localiser des proies, des
obstacles et d'autres dauphins dans leur environnement
aquatique.

Le pouvoir de la transformation

La principale habileté de **Mystique** est sa possibilité de changer son apparence physique. Elle peut changer sa forme, sa taille, son poids, la couleur de sa peau, ses cheveux, ses yeux et même reproduire des caractéristiques spécifiques, comme sa voix.

Le caméléon a la capacité de changer de couleur et peut le faire en fonction de la température, de l'éclairage, de l'humeur, pour communiquer ou pour se camoufler (se cacher).

Cette habileté permet aux caméléons de s'adapter à l'environnement et de se protéger des prédateurs ou de se cacher de leurs proies, généralement des insectes dont ils se nourrissent pour survivre.

La langue du caméléon est l'une des caractéristiques les plus remarquables et intéressantes de ce reptile. Il est long, collant et peut être lancé rapidement pour capturer des proies. Leurs langues sont considérées comme parmi les plus rapides et les plus précises du règne animal. Il peut être lancé hors de sa bouche en une fraction de seconde, atteignant sa proie avec une vitesse impressionnante.

Quant aux yeux des caméléons, ils sont bien différents. Contrairement à la plupart des animaux, ils ont des yeux mobiles et indépendants, ce qui signifie que chaque œil peut se déplacer et se concentrer dans des directions différentes. Cela permet aux caméléons d'avoir une vision à presque 360 degrés, pouvant observer deux points différents en même temps.

Octopus Mimétique ou *Mimic Octopus*

L'Octopus mimétique est connu pour sa capacité à imiter plusieurs espèces différentes, notamment des poissons venimeux, des serpents de mer, des raies pastenagues et même d'autres poulpes. Pour ce faire, il modifie sa couleur, la texture de sa peau et ses mouvements corporels pour ressembler aux caractéristiques physiques et comportementales de ces créatures.

En plus de l'imitation, il maîtrise également le camouflage, parvenant à changer rapidement la couleur et le motif de sa peau pour se fondre dans l'environnement, devenant pratiquement invisible.

L'Octopus mimétique imite non seulement l'apparence d'autres créatures, mais reproduit également leur comportement. Il peut adopter des mouvements et des postures spécifiques à différents animaux, comme nager comme un serpent ou ramper comme un homard.

Cette capacité à imiter un comportement contribue à confondre prédateurs et proies.

Elle est considérée comme l'une des pieuvres les plus intelligentes, présentant un comportement complexe et adaptatif. Elle a l'habileté d'apprendre et utilise ses habiletés d'imitation et de camouflage pour survivre.

Lorsqu'elle est menacée, la pieuvre mimique peut adopter des stratégies défensives, comme gonfler son corps pour paraître plus grand, libérer un nuage d'encre pour confondre le prédateur ou nager rapidement pour échapper au danger.

Très rapide

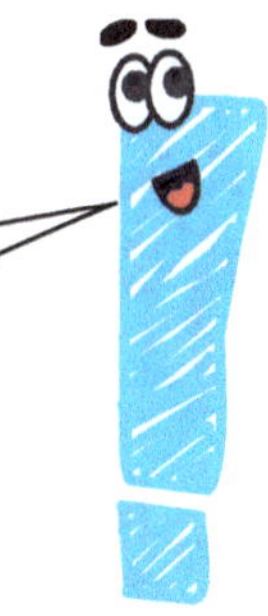

As-tu déjà entendu parler de **Flash** ? C'est un super-héros incroyable doté d'un pouvoir très spécial : la vitesse !

Le Flash est si rapide qu'il peut même voyager dans le temps !

Tu souhaites en savoir plus sur cette compétence ? Tu peux lire la section « Les scientifiques » pour savoir si le voyage dans le temps est possible.

Parlons maintenant des autres êtres rapides qui font partie de notre monde ! Saviez-vous qu'il existe des animaux qui peuvent se déplacer aussi vite que les voitures de course ?

Et la vérité ! Rencontrons-les ?

L'un de ces animaux est le Grand Géocoucou, un petit oiseau qui semble avoir des ailes aux pattes ! Il est connu pour sa vitesse, pouvant atteindre des vitesses allant jusqu'à 42 km/h. C'est comme s'il courait aussi vite que les voitures des villes.

Cet oiseau a de longues pattes fortes, spécialement conçues pour faire de longues foulées et parcourir rapidement de grandes distances. Compte tenu de sa taille, c'est un véritable champion de vitesse parmi les oiseaux !

Les colibris sont de très petits oiseaux ; le colibri abeille est la plus petite des espèces mesurant seulement 5 cm.

Cependant, ils sont pleins d'énergie et possèdent un bec long et fin, parfait pour atteindre le nectar des fleurs, leur nourriture préférée.

Les colibris sont de véritables acrobates aériens : en battant des ailes jusqu'à 88 fois par seconde, ils peuvent voler en arrière, sur le côté et même rester immobiles dans les airs. Sensationnel, n'est-ce pas ?

En plus d'être agiles et habiles, les colibris sont très colorés ! Ses plumes brillent de couleurs comme le vert, le bleu, le rouge et le violet. Ce sont de véritables œuvres d'art volant parmi les fleurs !

Les colibris sont de très différents oiseaux ! Leurs corps fonctionnent très vite, comme s'il y avait des moteurs à l'intérieur !

Cela signifie qu'ils doivent manger beaucoup pour avoir suffisamment d'énergie pour leurs activités quotidiennes. Vous ne le croirez pas, mais un colibri

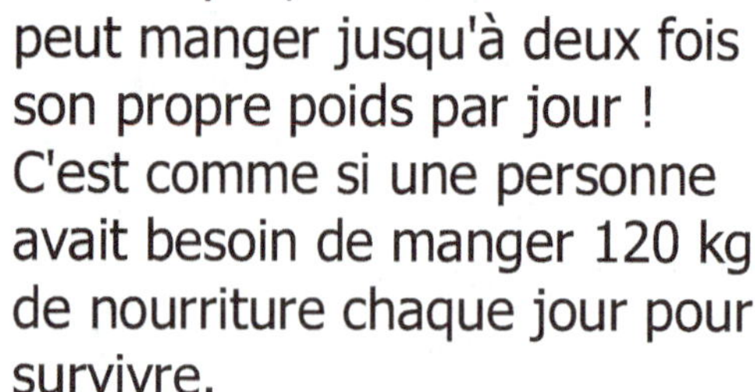

peut manger jusqu'à deux fois son propre poids par jour ! C'est comme si une personne avait besoin de manger 120 kg de nourriture chaque jour pour survivre.

Observer un colibri est une expérience magique !

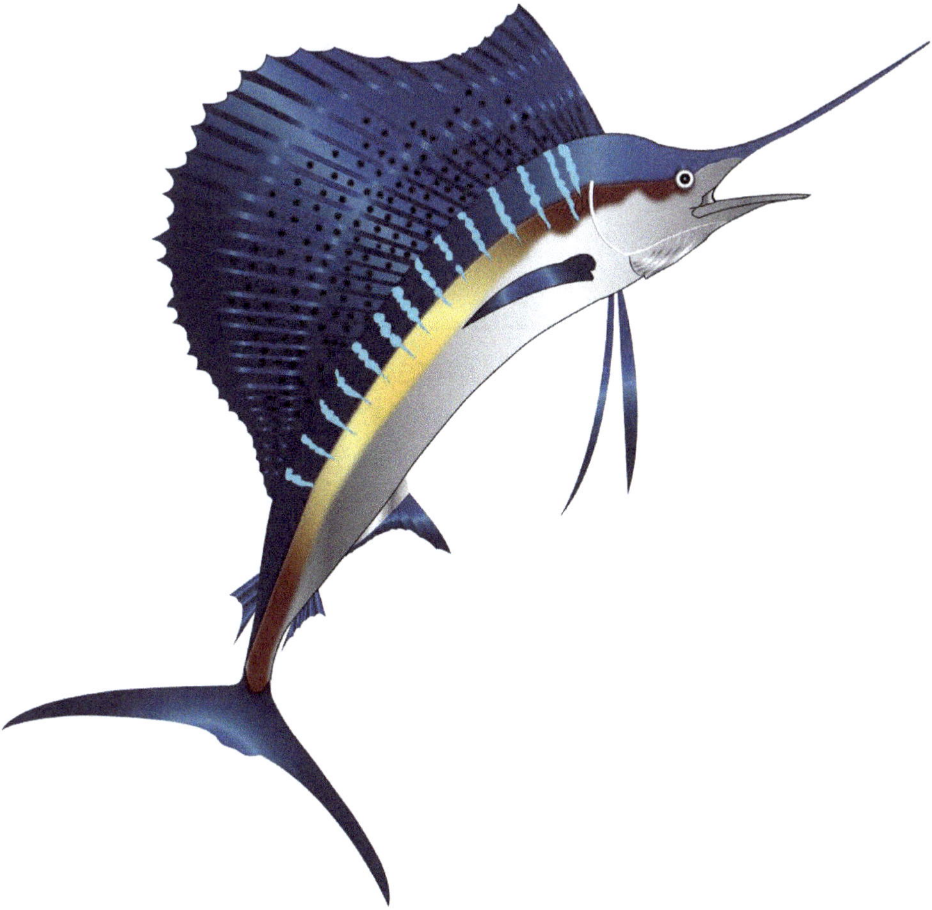

Ce poisson surprenant possède un corps élancé et aérodynamique qui lui permet de nager comme l'éclair, atteignant une vitesse impressionnante de 100 km/h. C'est comme le supercar des mers.

L'espadon peut atteindre une taille assez grande, mesurant jusqu'à 4,5 mètres de long et pesant plus de 500 kg. Il est l'un des habitants les plus grands et les plus puissants des océans !

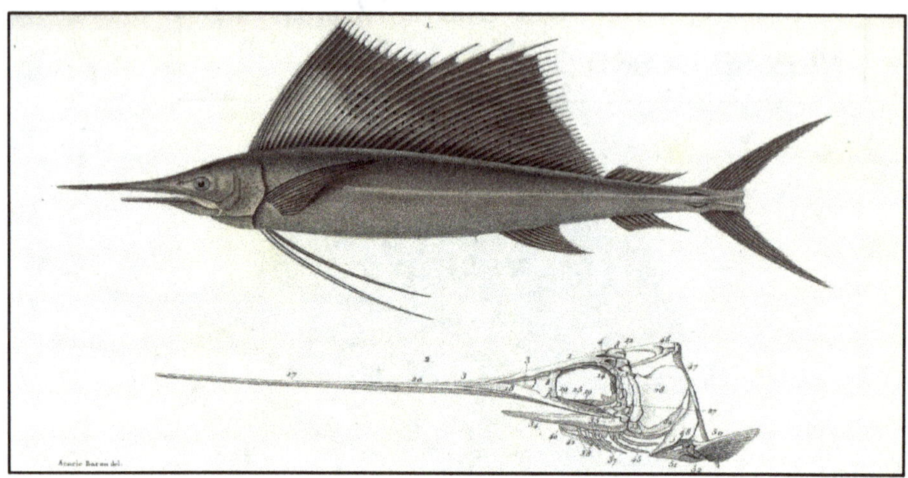

Une caractéristique très frappante de l'espadon est sa longue mâchoire pointue, qui ressemble à une épée. Cette mâchoire acérée est utilisée pour attraper des proies, telles que des poissons plus petits et des calmars.

Pour se camoufler dans les eaux profondes, l'espadon a une couleur foncée, généralement noire ou bleu foncé sur le dos, et argentée sur les flancs et le ventre. Ainsi, il devient quasiment invisible aux yeux des autres animaux marins.

Un autre animal ultra-rapide est le guépard, également connu sous le nom de *cheetah*. Il est considéré comme l'animal terrestre le plus rapide du monde, atteignant une vitesse incroyable de 110 km/h lors de courses courtes, lorsqu'il s'enfuit ou poursuit d'autres animaux.

Le guépard a un corps mince et musclé, spécialement conçu pour courir très vite. Ses pattes sont longues, sa colonne vertébrale est flexible et il possède une longue queue qui l'aide à maintenir l'équilibre lors des courses à grande vitesse.

Sa fourrure présente des taches noires sur fond jaunâtre ou orange, ce qui lui permet de se camoufler dans la nature et de s'approcher de ses proies sans se faire remarquer.

C'est un super-héros du monde animal ! Avec sa vitesse extraordinaire, le Faucon pèlerin est considéré comme l'animal le plus rapide du monde.

Cet oiseau audacieux peut atteindre des vitesses fulgurantes allant jusqu'à 320 km/h en plongée verticale. Cela signifie qu'elle vole plus vite que la plupart des voitures de course ! C'est comme s'il y avait un moteur de fusée dans les ailes !

Le faucon pèlerin a un corps profilé avec de longues ailes pointues, qui l'aident à réduire la résistance de l'air pendant le vol. Ainsi, il peut couper l'air de manière très efficace.

Les faucons sont également connus pour avoir une vue privilégiée ! Ses pupilles se contractent et se dilatent rapidement, lui permettant de voir les moindres détails à de grandes distances.

C'est comme avoir une super caméra très puissante dans vos yeux. Ceci est important pour localiser et poursuivre leurs cibles à grande vitesse.

De plus, le faucon pèlerin possède des griffes fortes et acérées appelées « serres », utilisées pour capturer les  petits oiseaux en vol. Grâce à ces griffes spéciales, ils sont capables d'attraper et de retenir fermement leurs proies.

Voler plus haut

As-tu déjà rêvé de voler comme des super-héros de bandes dessinées ?

Certains d'entre eux possèdent des pouvoirs incroyables, comme Superman, qui vole naturellement, ou encore **Thor**, qui utilise son marteau magique *Mjolnir.*

Savais-tu que dans la nature, il existe des oiseaux qui volent aussi haut que les avions !

Veux-tu rencontrer le Roi des hauteurs ?

Il s'agit du *Griffon de Rüppell*, également connu sous le nom de Gyps rueppellii, c'est un oiseau admirable qui vit en Afrique. Son espèce est connue sous le nom de vautour et c'est un géant avec des ailes qui peuvent atteindre près de 3 mètres d'envergure ! Son corps est grand et robuste, mesurant environ 1 mètre de long et pesant jusqu'à 9 kg. C'est l'un des plus gros oiseaux du monde !

La tête est grande, avec un bec fort et courbé, parfait pour déchirer la viande.

Et leurs griffes sont puissantes et acérées, idéales pour saisir et couper la nourriture.

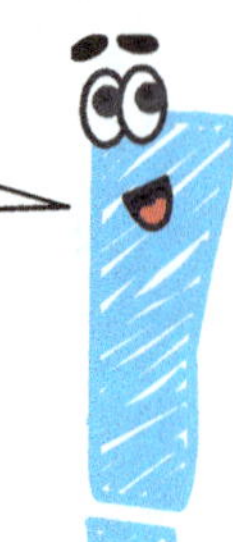

Ces oiseaux se trouvent principalement dans les zones rocheuses et montagneuses d'Afrique. Ils habitent les déserts, les savanes, les falaises et les ravins, préférant les zones difficiles d'accès.

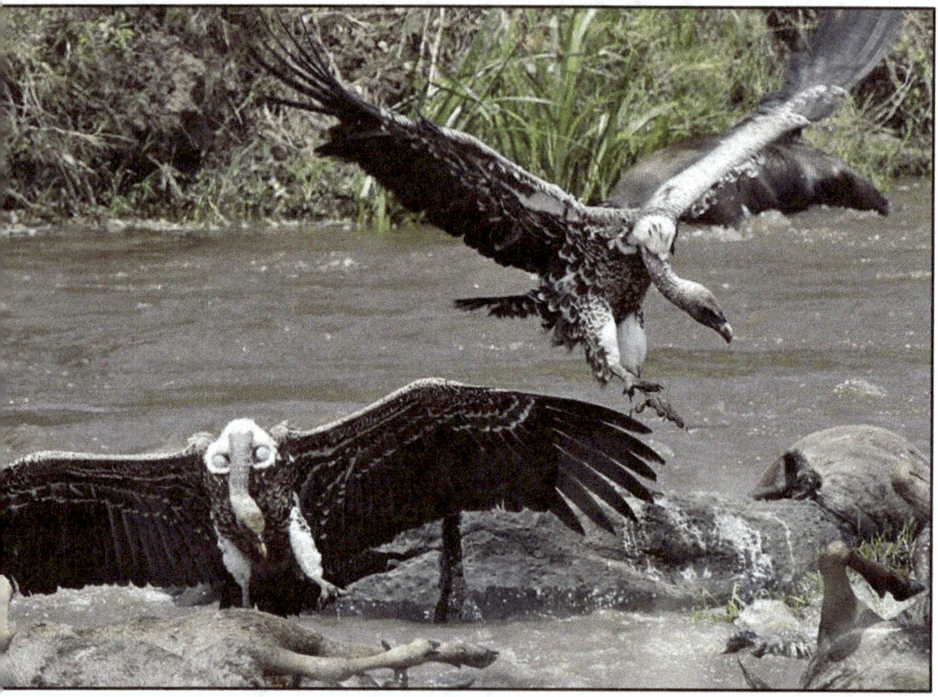

Sais-tu de quoi se nourrissent ces griffons ? Des carcasses d'animaux ! Ce sont des charognards, c'est-à-dire qu'ils se nourrissent d'animaux morts. Et lorsqu'ils trouvent une carcasse, ils peuvent se rassembler en grands groupes autour d'elle.

Malheureusement, le *Griffon de Rüppell* est menacé d'extinction. La perte d'habitat, la chasse illégale et surtout l'empoisonnement sont quelques-uns des problèmes auxquels ils sont confrontés. Cette espèce est donc

classée comme étant en danger critique d'extinction. Nous devons la protéger !

Un événement extraordinaire s'est produit en 1973, en Côte d'Ivoire, lorsqu'un griffon de Rüppell s'est écrasé sur un avion volant à une altitude impressionnante de 11 000 mètres.

Cet événement a enregistré le record du vol le plus haut d'un oiseau !

Imagine voler si haut au point d'entrer en collision avec un avion de 11 000 mètres de haut ! N'est-ce pas incroyable !

Le superpouvoir de la force

Hulk est l'un des personnages les plus populaires parmi les super-héros. Connu pour sa personnalité explosive, il possède une force extraordinaire, étant considéré comme l'un des êtres les plus puissants de l'univers Marvel. Sa force est pratiquement illimitée et augmente encore plus à mesure que sa colère et ses émotions s'intensifient.

Dans la nature, existe-t-il aussi des animaux étonnamment forts ? Faisons connaissance avec six d'entre eux et je parie que le champion, le plus fort de tous, vous surprendra !

En 6ᵉ place, nous avons l'éléphant d'Afrique.

C'est le plus gros mammifère terrestre du monde !

Les éléphants d'Afrique peuvent mesurer la taille d'une maison (3 mètres) et peser jusqu'à 6 tonnes ! Ce sont de véritables géants de la nature.

Son tronc long et flexible est un outil extrêmement polyvalent pour contenir de la nourriture ou de l'eau potable, mais aussi pour communiquer.

Ils ont des crocs qui ressemblent à des dents supérieures allongées. Les défenses des mâles, surtout les plus grandes, sont utilisées pour se défendre et même pour combattre d'autres éléphants. C'est comme s'ils possédaient leur propre épée naturelle.

Les éléphants d'Afrique vivent en groupes appelés troupeaux et la femelle la plus âgée, la matriarche, est la chef ! C'est elle qui prend les décisions.

Ils jouent un rôle très important dans le maintien des écosystèmes dans lesquels ils vivent, en contribuant à créer des clairières dans les forêts, en répandant des graines par leurs excréments et en modifiant l'environnement par leur comportement de fouisseur et d'abattage d'arbres.

En raison de plusieurs menaces, principalement la chasse illégale pour leurs dents en ivoire, ces éléphants sont classés parmi les espèces en voie de disparition.

En 5e place, le Buffle d'Afrique, un animal très fort et courageux **!**

Même s'il est plus petit qu'un éléphant, sa force est si impressionnante qu'il peut tuer un lion.

Les buffles d'Afrique sont grands et robustes ; les mâles adultes peuvent peser jusqu'à 800 kg. Ils ont un corps lourd, avec des pattes courtes et un cou épais ; les grandes cornes courbées poussent vers le haut et sur les côtés, formant une sorte de « casque » sur le dessus de la tête.

Ces buffles vivent en groupes appelés troupeaux, dirigés par une femelle plus âgée, comme les éléphants.

Ils sont herbivores, c'est-à-dire qu'ils se nourrissent principalement d'herbes, de feuilles, de pousses et d'écorces d'arbres.

Les buffles sont connus pour être très agressifs et dangereux lorsqu'ils se sentent menacés. Si un prédateur, comme un lion ou un crocodile, tente de les attaquer, ils se regroupent et affrontent le danger en groupe, démontrant ainsi leur courage et leur force impressionnants.

À la 4e place du podium, nous mettons les Gorilles, des animaux incroyablement forts !

Les gorilles sont grands et robustes, avec un corps musclé, une large poitrine et des bras longs. Les mâles adultes peuvent atteindre 1,80 mètre de hauteur et peser jusqu'à 260 kg.

Ce sont des herbivores et leur régime alimentaire se compose principalement de feuilles, de fruits, de pousses et d'écorces d'arbres.

Les gorilles vivent en groupes appelés troupes, et ces groupes sont dirigés par un mâle dominant, appelé dos argenté en raison de la coloration argentée de son dos.

Ils sont célèbres pour leur lien social fort et leur protection parentale. Les femelles sont chargées d'élever et de prendre soin des jeunes, mais les mâles jouent également un rôle actif dans la protection et l'éducation des jeunes.

Les gorilles sont originaires des forêts tropicales d'Afrique centrale.

On les trouve dans des pays comme la République démocratique du Congo, le Rwanda, l'Ouganda, le Gabon et le Cameroun. Il existe deux espèces de gorilles reconnues : le gorille de plaine (*Gorilla gorilla*) et le gorille de montagne (*Gorilla beringei*).

Malheureusement, ils sont également confrontés à des menaces importantes liées à la destruction de leur habitat, au braconnage et aux maladies. Les deux espèces sont classées comme menacées d'extinction.

À la 3e place de notre classement, nous avons quelqu'un de très petit et incroyablement fort, la fourmi coupe-feuille !

Malgré leur taille, ce sont de véritables super-héros. Est-ce que tu sais pourquoi ?

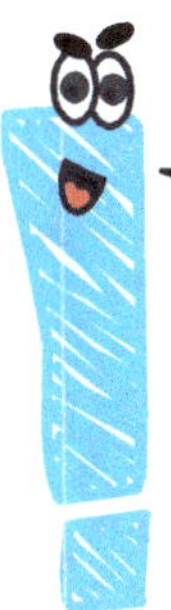

Ces fourmis ont des mâchoires puissantes qui peuvent couper de gros morceaux de feuilles et les transporter jusqu'à leurs fourmilières.

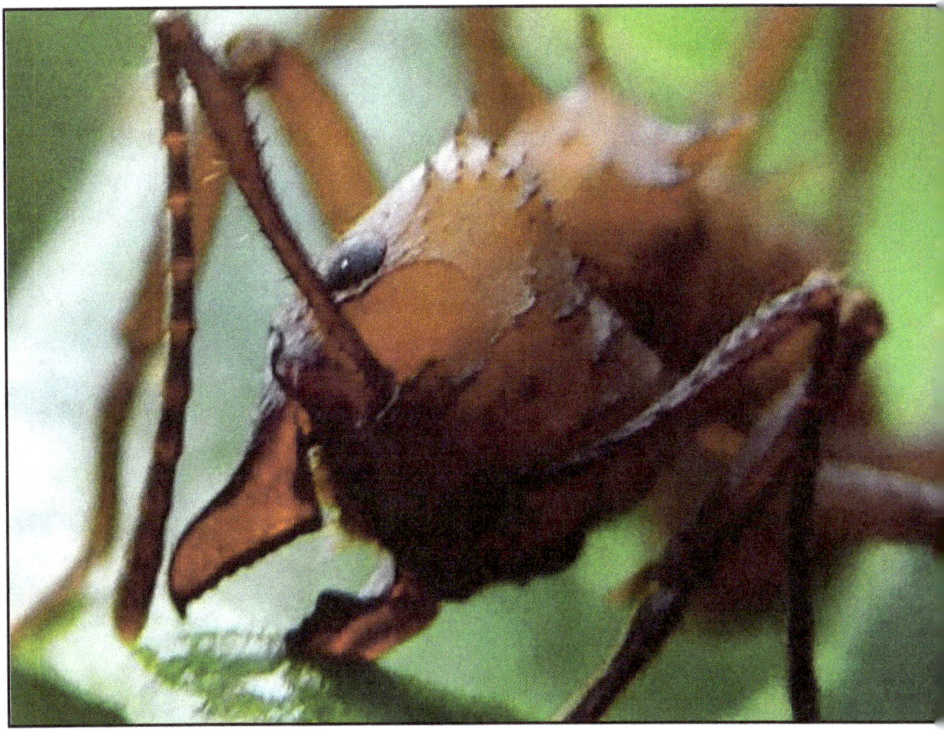

Les fourmis coupeuses de feuilles ont un corps de taille petite à moyenne, allant de 2 à 20 mm de longueur, selon les espèces. Elles ont une grosse tête, des antennes velues et de fortes mâchoires adaptées pour couper les feuilles et se battre.

Et croyez-moi, elle est capable de transporter jusqu'à 50 fois son propre poids ! Ce serait comme un être humain capable de soulever trois tonnes ! Incroyable, n'est-ce pas ?

Les fourmis vivent dans des colonies très complexes et organisées qui comprennent une reine, des fourmis ouvrières (chargées de couper les feuilles, de défendre le nid et de prendre soin des larves), des soldats (chargés de défendre la colonie) et des mâles (responsables de la reproduction).

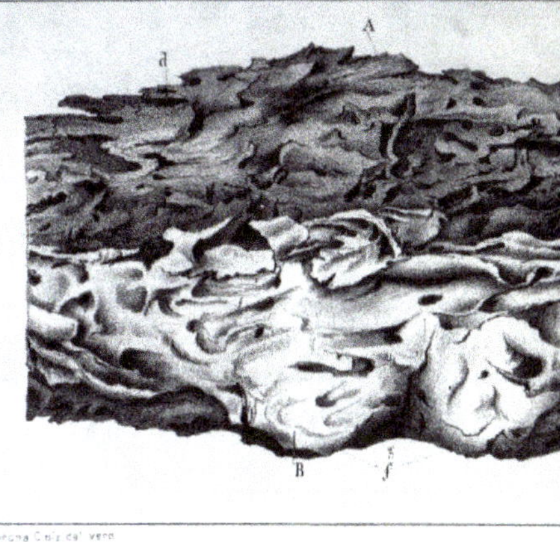

Les fourmis coupeuses de feuilles jouent un rôle écologique important, car elles favorisent la décomposition de la matière organique et le cycle des nutriments.

Elles sont très défensifs et attaquent en grand nombre lorsque la colonie est menacée.

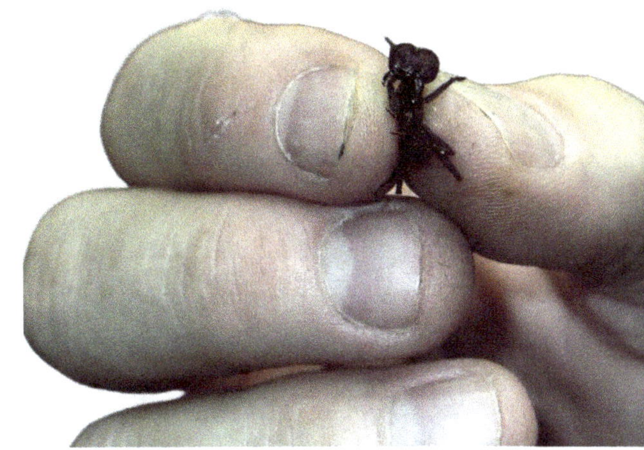

En prenant la 2e place honorable de notre classement, nous vous présentons le puissant scarabée Rhinocéros !

C'est comme si un être humain de 60 kg pouvait soulever 51 tonnes. Ouah !

Les coléoptères rhinocéros sont généralement grands et robustes, leur corps est recouvert d'une armure et leur apparence, due à leur corne, rappelle celle d'un rhinocéros.

Il existe plus d'un millier d'espèces de coléoptères rhinocéros dans le monde, principalement dans les régions tropicales et subtropicales, et certaines peuvent voler.

Deux exemples célèbres sont le scarabée rhinocéros africain (*Oryctes rhinoceros* – ci-dessus) et le coléoptère rhinocéros américain (*Dynastes tityus* – ci-dessous).

Ils sont généralement nocturnes et attirés par la lumière. De plus, les mâles sont connus pour se battre pour le territoire et les femelles, utilisant leurs cornes lors des affrontements.

Les coléoptères rhinocéros jouent un rôle très important dans la nature.

Ils contribuent à la décomposition de la matière organique, contribuant ainsi au cycle des nutriments dans les écosystèmes. Ses larves sont expertes dans la décomposition du bois et autres résidus végétaux, ce qui facilite le recyclage des nutriments dans le sol.

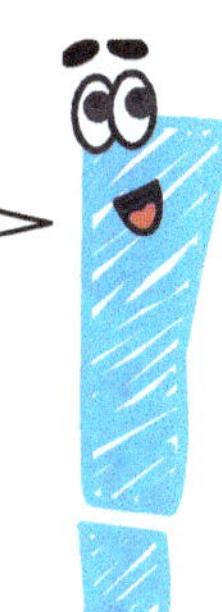

Cet acarien est particulier, car, même s'il est très petit, mesurant seulement un millimètre, il est beaucoup plus gros que les autres acariens. Il a un corps ovale et plat, couvert de poils longs et denses, ce qui lui donne un aspect poilu. Ces poils sont très importants pour leur mouvement et leur protection.

Les acariens se nourrissent de matières organiques en décomposition, comme les feuilles mortes et les débris végétaux. Il joue un rôle clé dans la décomposition et le recyclage des nutriments dans les écosystèmes.

Acarien jaune

Archegozetes longisetosus se trouve principalement dans les environnements humides tels que les forêts et les sols des jardins. Cette espèce d'acarien possède une capacité remarquable à survivre dans des conditions défavorables. Il peut résister à des températures élevées et même à l'absence d'oxygène pendant de longues périodes (l'image ci-dessous appartient au pou rouge ou acarien de la rouille).

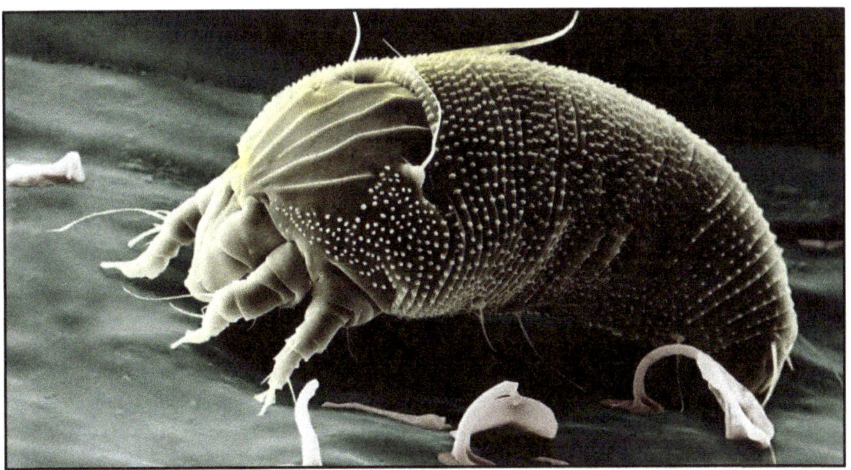

Vient maintenant la partie la plus incroyable : l'acarien *Archegozetes longisetosus* est capable de soulever un poids impressionnant, environ 1 180 fois son propre poids !

> S'il s'agissait d'un être humain, il aurait la capacité de soulever plus de 70 tonnes ! Pour te donner une idée de ce que cela signifie, c'est comme si vous étiez capable de soulever 12 éléphants.

La nature n'est-elle pas fantastique !

Créons un jouet super cool : un éléphant en carton qui marche sur une rampe ! Avant de commencer, il est important de demander l'autorisation à tes parents pour regarder la vidéo qui explique ce qu'est ce jouet et son fonctionnement et aussi pour imprimer le moule.

Veux-tu regarder la vidéo ? Suis simplement les instructions étape par étape.

1. Ouvre *Google Lens* sur ton téléphone.
2. Pointe l'appareil photo vers le *QR code* sur le côté.
3. Clique sur le lien pour regarder la vidéo.

Pour imprimer le modèle, suis les instructions ci-dessous:

1. Demande à tes parents d'ouvrir l'application *Google Lens* sur leur téléphone.
2. Pointe l'appareil photo du téléphone portable vers le *QR code* sur le côté.
3. Clique sur le lien qui apparaîtra.
4. Sur l'écran du site Web, clique sur le lien « *Éléphant qui marche* ».

Tu peux maintenant enregistrer ou imprimer le modèle de jouet.

L'univers

Mystères et merveilles

Tu es invité à te lancer dans un voyage passionnant à travers le vaste univers, plein de merveilles et de secrets à découvrir. Aventurons-nous dans les profondeurs de l'espace et découvrons combien d'étoiles il y a dans l'Univers, quelle est la plus grande étoile et où elles naissent.

Es-tu prêt ? Alors, ouvre ton esprit pour connaître la grandeur cosmique.

Étoiles

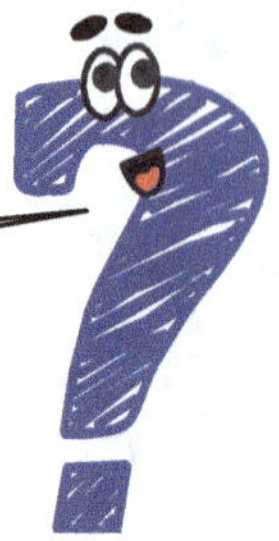

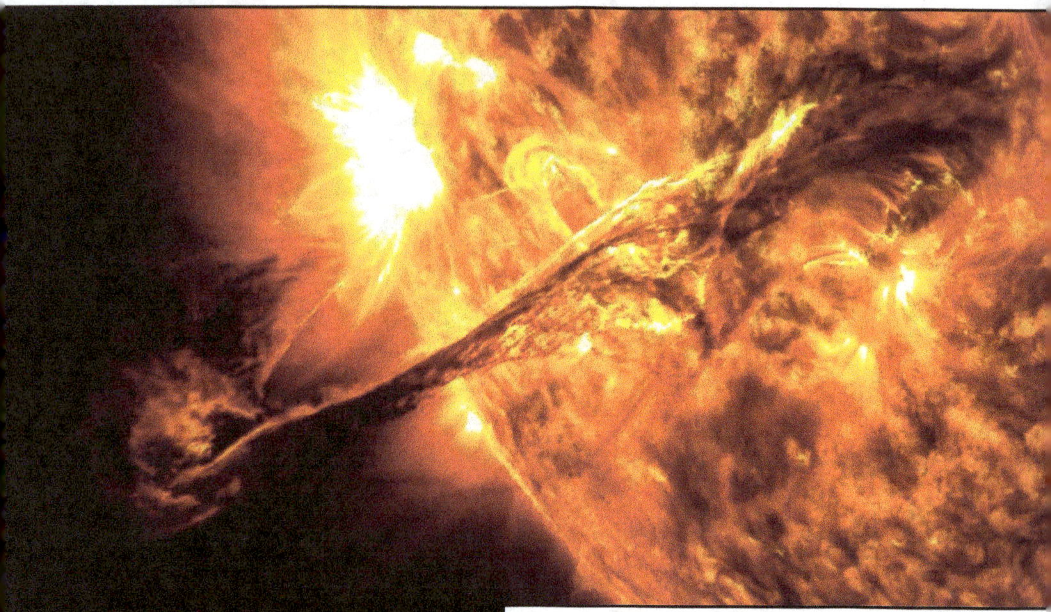

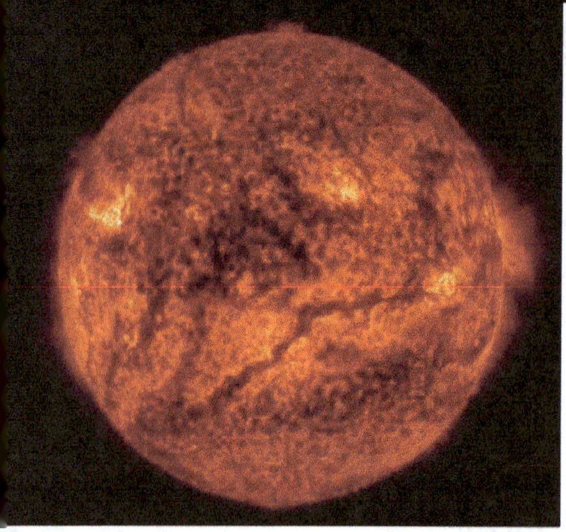

L'étoile est une gigantesque boule de gaz qui brille pendant des millions, voire des milliards d'années, tout dépend de sa taille.

Par exemple, le Soleil est considéré comme une étoile de taille moyenne, il brillera donc durant environ 10 milliards d'années.

Mais si l'étoile est très grande, elle ne brillera que pendant quelques millions d'années. Cela se produit parce que plus l'étoile est grosse, plus elle brille et, par conséquent, plus vite, elle consomme son carburant.

Le Soleil est l'étoile la plus proche de notre planète et un grand nombre de personnes croient encore que les étoiles sont des boules de feu, car elles émettent de la lumière et de la chaleur. L'image ci-dessous est notre système solaire.

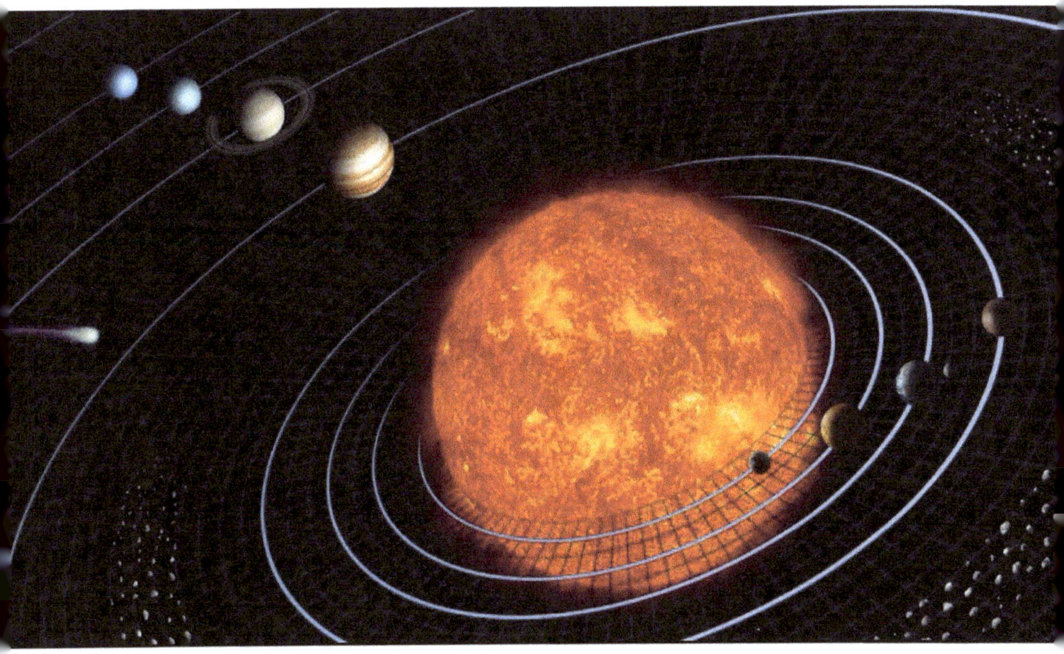

La planète la plus proche du Soleil est Mercure, puis Vénus, la Terre est la troisième planète la plus proche du Soleil et ensuite, nous avons Mars, Jupiter étant la plus grande de toutes, Saturne, Uranus et enfin Neptune.

Important: il n'y a pas de feu dans les étoiles, elles produisent de la lumière et de la chaleur grâce à un phénomène appelé FUSION NUCLÉAIRE.

Avez-vous déjà entendu parler de « centrale nucléaire » ou de « bombe nucléaire » ?

Ainsi, les étoiles qui brillent dans le ciel font quelque chose de très similaire à ce qui se passe dans les centrales nucléaires et les bombes. C'est similaire, ce n'est pas pareil !

Sur la gauche se trouve le Soleil produisant de la lumière et de la chaleur grâce à la fusion nucléaire, puis nous avons la centrale électrique et la bombe nucléaire qui produisent de l'énergie grâce à la fission nucléaire.

Les centrales nucléaires produisent de l'électricité, tandis que les bombes nucléaires sont des armes terribles utilisées à deux reprises durant la Seconde Guerre mondiale. Les bombes ont été larguées sur les villes de *Hiroshima* et de *Nagasaki* en 1945, au Japon.

Ces deux phénomènes, la FUSION nucléaire et la FISSION, peuvent utiliser une petite quantité de matière pour générer une grande quantité d'énergie, c'est-à-dire que l'énergie est égale à la lumière et à la chaleur.

Revenons au début pour une explication rapide de ce qu'est la FUSION NUCLÉAIRE et comprenons comment les étoiles brillent sans produire de feu. Ce n'est pas compliqué !

Eh bien, ce gaz s'appelle HYDROGÈNE, donc les étoiles sont de gigantesques boules d'hydrogène.

La fusion nucléaire se produit lorsque quatre particules d'hydrogène gazeux entrent en collision et se transforment en une particule gazeuse appelée HÉLIUM.

H + H + H + H = He

La fusion nucléaire se produit lorsque des éléments se réunissent et forment un autre élément. Dans le cas des étoiles, le gaz HYDROGÈNE (**H**) se transforme en gaz HÉLIUM (**He**).

Quand les particules se rassemblent, elles génèrent une grande quantité d'énergie et émettent de la lumière et de la chaleur.

Grâce à la fusion nucléaire, le Soleil brille depuis 4,5 milliards d'années et devrait continuer pendant encore 5,5 milliards d'années. Ainsi, quand vous regardez le ciel nocturne, rappelez-vous que les étoiles brillent à cause de la fusion nucléaire et non à cause du feu.

La couleur des étoiles

La couleur d'une étoile indique principalement sa température. Plus le bleu est proche, plus il fait chaud ; plus l'étoile est proche du rouge, plus elle est froide.

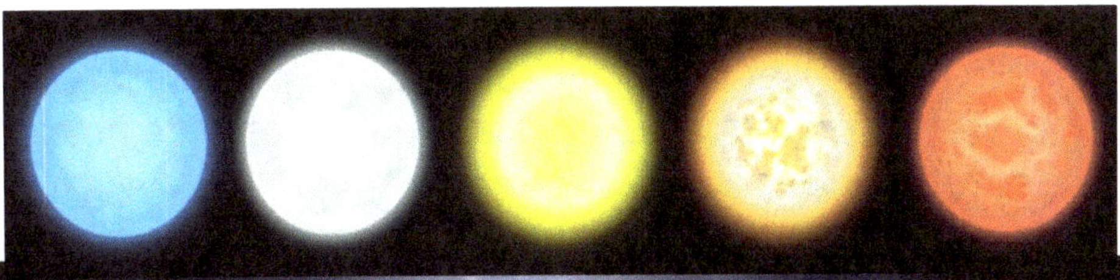

Ce c'est le Soleil, il apparaît jaune ou orange, car sa lumière se courbe dans l'atmosphère terrestre et change donc de couleur. Cependant, vu de l'espace, le Soleil est une étoile blanche.

La plus grande étoile de l'Univers

Stephenson 2-18, également connue sous le nom de **St2-18**, était l'étoile la plus grande connue jusqu'en 2023. C'est une supergéante rouge !

Sa circonférence est environ 2 150 fois supérieure à celle du Soleil et la quantité de gaz qu'elle contient est environ 10 milliards de fois supérieure à celle de notre étoile, le Soleil.

St2-18 est tellement immense qu'il est difficile de le représenter dans un dessin en le comparant directement avec le Soleil. Cependant, on peut d'abord visualiser la taille du Soleil en le comparant avec d'autres étoiles et, petit à petit, on arrive à **St2-18**. L'image ci-dessus montre la taille relative des planètes Jupiter et Terre par rapport au Soleil, donnant une idée de sa taille.

L'étoile Aldébaran est 44 fois plus grande que le Soleil.

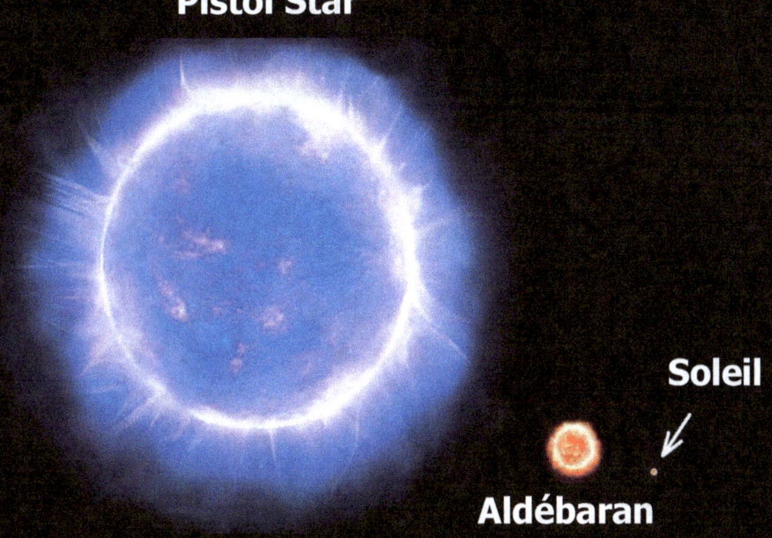

Si nous placions le Soleil près de l'Étoile « Pistol Star », il serait à peine visible, car son rayon est environ 300 fois plus petit. Sur l'image, on compare ces trois étoiles pour avoir une idée de leurs tailles.

VY Canis Majoris

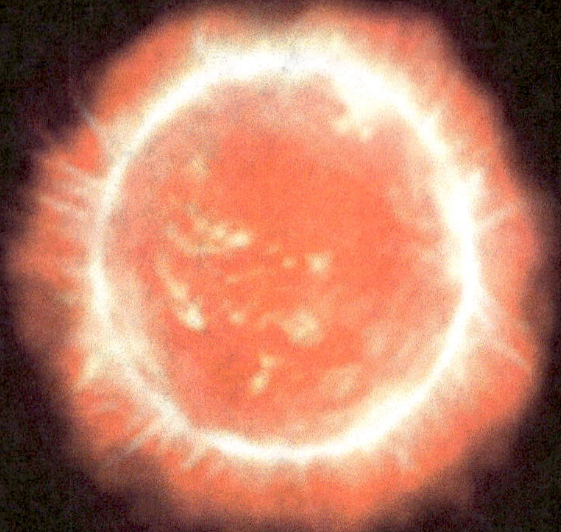

VY Canis Majoris est 1 420 fois plus grand que le Soleil.
C'est étonnant de voir à quel point Pistol Star et
Aldebaran paraissent petits à côté de lui. Le soleil
n'apparaît même pas.

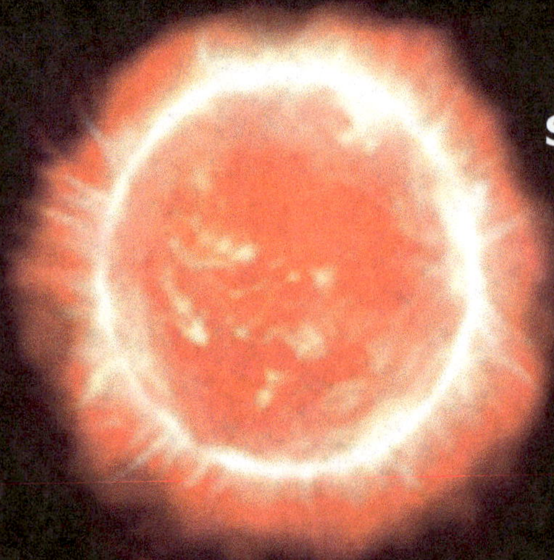

L'étoile gagnante est Stephenson 2-18, une
supergéante rouge 2 150 fois plus grande que le Soleil.
L'étoile « Pistol Star » disparaît presque à proximité.

Combien y a-t-il d'étoiles ?

Lorsque nous regardons le ciel la nuit, nous pouvons voir jusqu'à 3 000 étoiles, mais seulement si nous sommes dans un endroit très sombre, sans pollution lumineuse.

Bien que nous ne soyons pas sûrs du nombre d'étoiles dans l'Univers, certains calculs suggèrent que ce nombre pourrait atteindre 10 sextillions, soit le chiffre 1 suivi de 22 zéros :
10 000 000 000 000 000 000 000

Pour te donner une idée, le nombre d'étoiles dans l'Univers observable est si grand qu'on peut dire qu'il y a plus d'étoiles dans le ciel qu'il n'y a de grains de sable sur toutes les plages de la Terre.

Comment naît une étoile ?

L'image de gauche est une photographie prise par le télescope spatial *Hubble* en 1995. Elle représente le gigantesque nuage de gaz connu sous le nom de *Piliers de la Création*, situé dans la nébuleuse de l'Aigle, à une distance de sept mille années-lumière de la Terre.

Ce nuage est si immense qu'il faudrait sept années incroyables pour le traverser de bout en bout, voyageant à la vitesse de la lumière !

Les gaz de ce nuage se rassemblent et, au fil du temps, donneront naissance à de nouvelles étoiles ! C'est pourquoi ce nuage est appelé une pépinière d'étoiles.

Imagine-toi de grands nuages cosmiques remplis de gaz et de poussière flottant à travers l'univers. À l'intérieur d'eux, des forces puissantes commencent à agir, provoquant la réunion de gaz et de poussière. Cette union crée quelque chose de très spécial, comme s'il s'agissait d'une immense usine à étoiles.

Nuages cosmiques

Tout commence dans de grands nuages de gaz et de poussière appelés nuages cosmiques. Ces nuages sont répartis dans l'espace et sont très froids.

La gravité

À l'intérieur de ces nuages cosmiques, il existe une force appelée gravité. La gravité est une force invisible qui attire toutes choses les unes vers les autres.

Effondrement

La gravité commence à attirer les particules de gaz et de poussière du nuage cosmique vers le centre. Ils se rassemblent et commencent à devenir de plus en plus chauds et denses.

La fusion nucléaire

Lorsque la température et la densité augmentent suffisamment, le processus appelé fusion nucléaire se produit. Dans celui-ci, les atomes de gaz entrent en collision, puis se rassemblent et libèrent une énorme quantité d'énergie !

Naissance

L'énergie libérée fait briller la masse de gaz. Une étoile naît lorsque commence la fusion nucléaire.

Étoile en devenir

La nouvelle étoile continue de libérer de l'énergie et de briller alors que de plus en plus de fusion nucléaire se produit en son sein. Il commence également à tourner lentement.

Étoile adulte

Après un long moment, l'étoile cesse de tourner et se stabilise. Elle est désormais une étoile adulte, prête à briller pendant des millions ou des milliards d'années !

J'espère que tu as bien apprécié d'en apprendre davantage sur les étoiles et de découvrir à quel point l'univers dans lequel nous vivons est fantastique et mystérieux !

Lorsque tu regardes le ciel nocturne, rappele-toi que chaque étoile peut contenir une histoire de mondes lointains pleins de vie. Les étoiles sont des invitations à explorer, apprendre et découvrir plus sur l'immensité de l'espace qui nous entoure.

Nous avons atteint la fin de notre voyage à travers l'univers cosmique. J'espère que ces connaissances t'inciteront à continuer à explorer le monde qui vous entoure et à ne jamais cesser de poser des questions, car ce sont elles qui nous guident sur le chemin de la connaissance.

Fábles

Histoires racontées par les animaux

Ésope

La **fable** est l'une des manières les plus anciennes de raconter une histoire. Ésope racontait ses fables en utilisant des animaux comme personnages. À travers des fables, il essayait de montrer la différence entre le bien et le mal.

Ésope est né dans la Grèce antique, vers le VIe siècle avant JC (six avant JC), soit il y a plus de 2600 ans. On dit que c'était un esclave qui fut affranchi parce que son propriétaire était enchanté par ses fables. Bien qu'il n'y ait aucune preuve de qui était réellement *Ésope*, il est reconnu comme le père des fables et ses histoires ont inspiré plusieurs autres auteurs, par exemple l'écrivain danois *Hans Christian Andersen*.

Regardons deux fables *d'Ésope* : « les voyageurs et l'ours » et « le chat et la déesse Aphrodite ».

Les voyageurs et l'ours

Deux amis marchaient le long d'une route quand un énorme ours est apparu devant eux.

L'un des amis, effrayé, a rapidement grimpé dans un arbre pour se cacher. L'autre, n'ayant pas eu le temps de s'échapper, s'est allongé par terre et a fait semblant d'être mort.

L'ours s'est approché et a reniflé l'homme qui faisait le mort. Elle le reniflait d'un côté, le reniflait de l'autre, tandis qu'il retenait son souffle, comme on dit : les ours respectent les morts.

Finalement, l'ours s'en alla et l'homme dans l'arbre vit qu'il n'y avait plus de danger, descendit et demanda à l'autre : *Qu'est-ce que l'ours lui a murmuré à l'oreille* ?

Puis l'autre répondit : « *Elle a dit de ne pas voyager avec des amis qui nous abandonnent en cas de danger.* ».

Morale de l'histoire

C'est quand des problèmes surviennent qu'on rencontre des amis.

Le chat et la déesse Aphrodite

Un chat tomba amoureux d'un beau garçon et demanda à la déesse Aphrodite de le transformer en femme.

La déesse fut émue par une telle passion et transforma le chaton en une belle femme.

Le garçon, lorsqu'il aperçut la jeune femme, fut enchanté, tomba amoureux et lui demanda de l'épouser.

Pour voir si le chat était réellement devenu une femme, la déesse Aphrodite plaça une souris dans la chambre du couple.

Oubliant qu'elle était désormais une femme, la belle jeune femme sauta du lit et se mit à courir après la petite souris pour la manger.

La déesse Aphrodite était furieuse lorsque le chat demanda à se transformer en femme, mais se comportait toujours comme un animal.

Ensuite, la déesse Aphrodite a annulé la magie et transformé la femme en chat.

Morale de l'histoire

Les gens peuvent changer leur apparence, mais ils ne changent pas leurs habitudes.

Nous sommes arrivés au terme de ce merveilleux voyage en quête de connaissances. Au fil de ces pages, tu as découvert l'origine de la roue, plongé dans le monde de la science, découvert la beauté de la nature et percé les secrets des étoiles. J'espère que chaque page a éveillé ta curiosité et ton envie d'en savoir toujours plus.

La lecture est une porte magique qui nous transporte vers des mondes lointains et nous met en relation avec des esprits brillants. Je suis sûr que tu as découvert le pouvoir de l'imagination, en t'inspirant de l'histoire d'Albert Einstein et de la recherche inlassable des scientifiques pour trouver des réponses.

Tu as rencontré des êtres gigantesques et minuscules, véritables merveilles de la nature. Apprends à valoriser et à respecter chaque être vivant qui partage avec nous cette planète fascinante. Lorsque tu contemples le ciel étoilé, n'oublie pas que tu es face à un spectacle céleste qui ne représente qu'une petite fraction de l'infini.

Maintenant, dans ton esprit se trouve un trésor que personne ne peut t'enlever : la connaissance ! Transforme ces connaissances en sagesse à travers de tes choix et des histoires que tu créeras tout au long de ta vie. Continue à lire, à explorer et à laisser la magie des mots marcher éternellement à tes côtés.

J'espère sincèrement que chaque page que tu lises ne soit que le début d'un voyage sans fin d'apprentissage et de découverte. N'oublie pas que le véritable pouvoir réside en toi, dans ton capacité à rêver, à imaginer et à créer un monde meilleur.

Félicitations pour te lancer dans ce voyage ! Que l'amour de la lecture et de l'apprentissage soit présent dans ta vie pour toujours.

Jusqu'au prochain voyage dans l'univers des livres !

Voyage dans le temps

La magie des sciences

Je ne crois qu'en voyant

Les scientifiques : Des esprits brillants

Nature

Fábles